KB193552

스위트 스팟

인생의 숨은 기회를 찾는 9가지 통찰

스위트 스팟

샘 리처드 지음 · 김수민 옮김

SWEET
SPOT

북플레저

인생에서
중요하지 않은 때는 없다

1984년의 일로 이야기를 시작해볼까 합니다. 그때 저는 한국 출신의 사람을 만났습니다. 저와 함께 사회학을 공부하던 대학원생이었어요. 그 당시 저는 라틴아메리카의 군사 정권을 연구하고 있어서 자연스럽게 한국의 군사 정권에 대한 이야기가 오갔지요. 그와 친하게 지내면서 한국에 관심을 갖게 됐습니다. 한국과 이어지려고 그랬는지, 그즈음 한국과 관련한 여러 인연이 저를 찾아왔습니다. 한국에 거주하던 어느 작가가 매달 잡지를 보내주기도 하고 한국 친구 부부와 교류하면서 김치, 바비큐, 비빔밥 등 한국 음식도 알게 되었지요. 점점 저는 한국 문화에 완전히 매료됐습니다. 아쉽게도 그 당시 제가 라틴아메리카 연구에 집중하던 시기라 한국을 깊이 연구할 시간까지는 없었지만 한국에서 벌어지는 일들은 항상 관심 있게 지켜봤습니다.

한국에서 저를 알아보는 사람이 많아진 것도 우연에 가깝습니다. 당시 저는 대학에서 세계 각국의 흥미로운 현상들을 주제로 수업을 했는데, 그중 첫 번째로 다룬 주제가 바로 '한국의 기술 혁신'이었지요. 한국이라는 작은 나라가 어떻게 세계적인 통신과 기술 허브로 성장했는지 이야기하면서, 학생들도 한국에 큰 관심을 갖게 되었어요.

그때만 해도 한국의 기술이 전 세계적으로 알려지기 시작하던 시기였고, 저도 그 과정에서 한국에 대해 점점 더 많은 것을 알게 되었지요. 학생들은 정말 놀라워했습니다. 그들은 '한국 같은 작은 나라에서 이런 일이 일어난다고?' 라는 반응을 보였어요. 그 이후로는 한국에 관한 이야기를 계속 이어가게 되었지요.

그리고 어느 날 정말 흥미로운 일이 일어났습니다. 저는 약 15년 동안 케이팝을 좋아했고 슈퍼주니어와 소녀시대의 팬이었어요. 그리고 언젠가는 이 케이팝 그룹 중 하나가 정말 유명해져서 세계를 정복할 거라고 늘 생각했지요. BTS가 테일러 스위프트의 다운로드 기록을 깼을 때 이들이 전 세계를 정복할 그룹이 될 거라고 예견했어요. 그즈음 제가 만든 수업 동영상 중 하나에서 BTS를 언급했는데, 당시에는 그 영상이 그렇게 화제가 될 줄은 몰랐습니다. 제 편집자가 그 부분을 편집해서 유튜브에 올렸고 그 후 6개월에서 8개월이 지나 한국에서 큰 화제가 되었지요. 그 덕분에 지금은 한국 방송사 초청으로 강연을 하기도 하고, 한국의 대학에서 학생들을 가르치기도 합니다. 이렇게 가끔 운명과 우연이라는 실은 서로 날실과 씨실로 만나 우리 인생에 놀라운 선물을 하기도 합니다. 그래서 인생이 재밌는 것이겠지요.

이 책은 제가 가르쳐온 학생들과 나눈 대화가 중요한 계기가 되었습니다. 저는 40년 넘게 대학에서 학생들을 가르치고 있습니다. 학생들과 대화를 나누다 보면, 졸업한 후에야 제 수업이 이해되었다고 말하는 경우가 많습니다. 5년에서 15년이 지나서야 비로소 그들이 저와 나눈 대화를 다시 떠올리는 것이지요. 그때 가서야 '아, 샘이 말한 게 이런 의미였구나'라고 깨닫는 겁니다. 그리고 그 깨달음을 자신의 인생 경로를 찾는 데 적용합니다. 어떤 학생은 끝끝내 제 수업의 묘미를 알지 못하기도 합니다. 그렇다고 그들이 잘못된 것은 아닙니다. 단지 조금 더 시간이 걸리겠지요. 다만 수만 명의 학생과 오랜 시간을 보내면서 어떤 조언이 그들이 인생을 사는 데 시행착오를 줄여주는지 혹은 조금 더 자신의 본모습을 잃지 않고 살 수 있게 하는지 경험했습니다. 이런 경험을 바탕으로 사람들이 인생의 순간순간을 항해하는 데 필요한 것을 이야기하고 싶었습니다.

예를 들어 20~30대는 인생에서 가장 비옥한 시기입니다. 삶이 풍부해지고 다양한 가능성으로 가득 차 있는 때이지요. 동시에 그만큼 혼란스럽고 때때로 너무 복잡하게 느껴질 수 있는 시기이기도 합니다. 무엇을 선택하고, 어떤 길을 가느냐에 따라 인생이 크게 달라질 수 있지요. 그래서 이 시기를 어떻게 보내느냐는 정말 중요합니다.

40대는 또 어떤가요? 40대에 접어들면 인생의 대부분이 결정되어 있고 평탄한 삶을 살 것 같지만 어디 그렇던가요? 가지고 있던 것들이 한순간에 없어지기도 하고, 점점 더 줄어드는 기회 앞에서 초조해지기도 하는 시기이지요. 그렇다고 무언가를 시작하기에 늦은 나이도 아닙니다. 인생이라는 여정의 반환점도 돌지 않은 시기예요. 여전히 무언가를 이룰 수 있는 나이입니다.

인생에서 중요하지 않은 때는 없습니다. 세상은 종종 우리에게 냉혹하게 느껴지지만 때때로 예상치 못한 선물을 안겨주기도 하니까요.

저는 이 책을 통해 인생에서 갈림길을 만나 고민하는 모든 사람에게 그들이 겪는 혼란스러움과 불확실성 속에서 자신만의 길을 찾고, 스스로를 이해하며, 인생에서 자신만의 균형을 잡는 방법에 대해 이야기하고 싶습니다. 특히 요즘처럼 다원화된 세상에서 우리는 수많은 선택지를 만나고 때때로 너무 많은 생각을 하게 되지요. 이 길이 맞는지, 저 길이 맞는지 끊임없이 고민하고, 그러다 보면 자신이 누구인지조차 잊어버리기도 합니다. 삶의 다양한 도전 속에서 길을 찾는 것이 결코 쉬운 일은 아니지만, 그것이 바로 인생을 살아가는 과정입니다. 그 과정에서 실망하거나 좌절하는 순간도 있겠지만, 그럴 때일수록 자신의 경험을 통해 성장하고, 조금 더 자신을 이해하게 될 것입니다.

지금부터 제가 지난 40년간 강의를 통해 많은 학생에게 전한 것들을 토대로 인생의 스위트 스팟을 찾는 데 필요한 몇 가지 주제를 가지고 조금 더 깊게 이야기를 나누겠습니다. 이 책이 여러분 인생의 방향을 찾는 데 작은 도움이 되길 진심으로 바랍니다.

목차

Chapter 0

당신이 가진

최고의 이야기를 따라가라

모든 인생에는
각자의 지점이 있다

제가 인생에서 가장 중요하게 생각하는 것 중 하나는 바로 '균형'입니다. 인생이란 우리가 살아가면서 일어나는 일과 얼마나 잘 조화를 이루는지, 그리고 그것을 얼마나 잘 받아들이는지에 따라 많은 것이 달라집니다. 우리는 각자 자신의 길을 찾아나가야 하고, 그 과정에서 중요한 건 '일을 만들어나가는 것'과 동시에 '우리에게 일어나는 일을 받아들이는 것'이지요. 이 두 가지 사이의 균형이 바로 제가 말하는 '스위트 스팟Sweet Spot'입니다.

균형을 잡는다는 것은 결코 쉬운 일이 아닙니다. 살아가다 보면 어떤 순간에는 모든 것을 통제하려고 애쓰고, 또 다른 순간에는 통제할 수 없는 일들이 우리에게 닥쳐옵니다. 이때 우리가 해야 할 일은 그 모든 것을 받아들이면서도, 너무 한쪽으로 치우치지 않는 거예요. 완벽한 균형이란 사실상 존재하지 않습니다. 완벽한 균형점을 알고 있는 사람도 있을 수 없지요. 그래서 어느 한쪽으로 치우치다가 다시 그 중심을 찾는 과정을 반복하게 됩니다. 바로 그 과정에서 삶의 진정한 의미가 생겨나지요. 나아감과 물러섬, 성공과 실패, 환희와 슬픔 등 서로 다른 방향의 상황에서 자신만의 인생 그래프를 그리게 됩니다.

저는 늘 이렇게 생각했어요. 인생에서 중요한 선택을 하는 것만큼 중요한 것은 그 결과를 받아들이려는 태도라고요. 생각에 얽매여 너무 많은 것을 억지로 만들려고 하면, 인생이 원하지 않는 방향으로 갈 수도 있고, 반대로 너무 많은 것을 그냥 내버려두면 삶이 우리에게서 지나쳐버릴 수 있습니다. 선택의 결과가 나타나는 그 순간에는 시야가 좁아지게 마련이니까요. 실패에 집착하고 좌절하거나 성공의 맛에 빠져 지나치게 들뜨기도 합니다. 따라서 그 순간에는 인생이 하나의 긴 선이라는 것을 종종 망각하게 되지요. 그러면 인생이 규칙이 없는 그래프처럼 되어버립니다. 균형을 찾기가 어렵지요.

저는 여러 번 실패를 겪고 난 30대 초반이 되어서야 비로소 제 인생에서 스위트 스팟을 경험하기 시작했어요. 그때까지는 일에만 매달리거나, 반대로 아무것도 하지 않으면서 인생이 어떻게 흘러갈지 걱정했지요. 꽤 오랜 시간을 흘려보내고 나서야 인생의 균형에 대해서 생각하기 시작했습니다. 그러고는 깨닫게 됐지요. 인간관계, 건강, 꿈과 목표 등 모든 영역에서 균형을 찾아야 한다는 것을요. 예를 들어, 누군가와의 관계에서 너무 많은 것을 기대하면 실망하게 되고, 반대로 너무 무관심하면 관계가 유지되지 않습니다. 인간관계에서 균형이란 각자의 거리 그 중간 어디쯤에서 서로의 필요를 맞추고, 함께 성장할 수 있는 상태를 의미합니다. 바로 그곳이 스위트 스팟이지요. 다른 삶의 요소도 마찬가지입니다. 누구나 자신만의 스위트 스팟이 있고 우리는 각자에게 맞는 그 지점을 찾아야 하지요.

삶에서 일어나는 모든 일은
결국 우리를 강하게 만든다

사람들은 종종 제게 묻습니다. "어떻게 인생에서 스위트 스팟을 찾을 수 있나요?"라고요. 저는 스위트 스팟이 단순히 어떤 상태가 아니라 끊임없이 변화하는 과정이라고 생각해요. 우리의 삶은 여러 가지 요인으로 계속해서 변화하고, 그 변화에 적응하고 성장하면서 균형을 찾아가는 것이지요.

인생에서 균형을 찾는 것은 곧 자신의 강점과 약점을 잘 이해하는 데서 시작됩니다. 우리는 모든 것을 완벽하게 통제할 수 없고, 때때로 실수도 하고, 실패도 겪게 됩니다. 중요한 것은 그런 상황에서도 자신을 잃지 않고 계속 나아가는 것입니다. 나 자신을 너무 몰아붙이거나, 반대로 너무 쉽게 포기하지 않는 것, 이 둘 사이의 조율이 바로 균형의 핵심이에요.

저는 20대나 30대가 이런 균형을 배우는 데 가장 중요한 시기라고 생각해요. 특히 이 시기에 가장 많이 배워야 하는 것이 바로 '실패를 받아들이는 법'이에요. 인생을 대하는 태도와 관련이 있지요. 실패는 우리를 좌절시키거나 끝을 의미하는 것이 아니라, 다른 선택을 할 수 있는 기회를 주는 것입니다. 저는 수업에서 학생들에게 항상 말합니다.

'실패는 배움의 일부일 뿐이다.'

실패를 통해 우리는 자신이 무엇을 잘못했는지, 어떤 부분을 더 열심히 해야 하는지, 무엇을 그 전과 다르게 해야 하는지 배울 수 있습니다.

앞서 말했듯이 저도 30대 초반에 여러 번 실패를 겪었습니다. 그때 저는 인생의 모든 것을 너무 심각하게 받아들였습니다. 그러다 보니 매번 결과에 실망하고, 아직 일어나지 않은 일로 불안해했습니다. 불안과 실망 사이에서 때때로 자신을 잃어버리기도 했습니다. 하지만 그 경험을 통해 저는 한 가지 중요한 교훈을 얻었어요. 삶에서 일어나는 모든 일은 결국 우리를 더 균형 잡힌 사람으로 만들어준다는 점입니다. 이 깨달음이 저를 지금까지 이끌어온 큰 원동력이었지요.

균형을 찾는다는 것은 단순히 어떤 상태가 아니라, 끊임없이 변화하는 삶의 흐름에서 어떻게 그 상황을 받아들이고 적응해나가는지를 말하는 것입니다. 이 과정에서 가장 중요한 것은 '유연성'입니다. 유연성은 생각과 행동이 너무 경직되지 않도록 하는 태도를 말합니다. 너무 고집스럽게 자신이 원하는 방향으로만 나아가려 하면, 그 과정에서 더 많은 것을 잃게 됩니다. 반대로 너무 수동적으로 모든 것을 내버려두면 우리에게 주어진 기회를 놓치게 될 수도 있지요. 그래서 인생에서 균형을 찾는 가장 좋은 방법은 바로 유연하게 대처하는 것입니다. 상황에 맞게 때때로 전진하고, 때때로 물러서며, 그 흐름 속에서 자신만의 길을 찾아가는 것이지요.

중요한 것은 실패를 받아들이고, 그 실패를 통해 배울 수 있는 용기를 갖는 것입니다. 많은 사람이 실패를 두려워해서 도전을 포기하기도 합니다. 하지만 실패는 우리에게 새로운 기회를 제공합니다. 실패를 통해 우리는 더 큰 가능성을 발견하게 되고, 그것이 나중에 성공으로 이어지는 경우가 많습니다.

어쩌면 당신의
인생 여정도 신화다

제가 인생에서 큰 영향을 받은 인물 중 한 명이 바로 조지프 캠벨이에요. 비록 직접 만나본 적은 없지만, 그의 저서와 강연, 그리고 인터뷰를 통해 그가 남긴 지혜와 통찰을 접할 수 있었지요. 캠벨은 저에게 사상가로서, 그리고 인간으로서 깊은 깨달음을 주었습니다.

조지프 캠벨은 '신화' 연구로 유명하지만, 그의 가르침은 단순한 신화 연구를 넘어 인생의 진리와 맞닿아 있어요. 캠벨은 '영웅의 여정'이라는 개념을 통해 우리 모두가 인생에서 자신의 길을 찾아가는 과정에서 겪는 어려움과 도전을 설명했지요. 그 여정에서 우리는 때때로 실패하고, 때때로 성공하면서 자신을 찾아가는 과정을 겪게 됩니다. 그리고 그 과정이야말로 진정으로 성장하는 기회가 되는 겁니다.

그의 가르침에서 저에게 가장 깊이 와닿았던 것은 "네가 가진 최고의 이야기를 따르라"는 말이었어요. 캠벨은 우리가 각자 자신의 인생에서 주인공이며, 그 이야기를 어떻게 써 내려가느냐는 자신의 선택에 달려 있다고 말했지요. 인생은 그 자체로 하나의 신화와도 같아요. 우리가 직면하는 모든 어려움과 도전은 결국 우리를 더 강하게 만들기 위한 여정의 일부인 것이지요. 그리고 그 여정을 어떻게 받아들이고, 어떻게 이겨내느냐에 따라 자신의 인생 이야기가 완성됩니다.

저는 캠벨의 가르침 덕분에 인생에서 겪는 실패와 성공, 그리고 그 사이의 균형에 대해 새로운 시각을 갖게 되었습니다. 그는 '고난과 기쁨은 삶의 필수적인 부분'이라고 말했지요. 고난과 기쁨 없이는 진정한 성장은 이루어질 수 없고, 그것들을 통해 자신이 누구인지, 그리고 무엇을 위해 살아가는지 더 깊이 이해하게 됩니다. 이것이 바로 영웅의 여정입니다.

캠벨의 철학은 제가 수많은 학생에게 전달해온 메시지 중 하나예요. 우리는 각자 자신의 인생에서 주인공입니다. 그리고 그 인생을 어떻게 살아갈지는 오롯이 자신의 선택에 달려 있지요. 도전에 직면하고, 그 도전을 통해 성장하는 것이야말로 인생의 본질이라고 생각합니다. 그러니 당신도 신화의 주인공입니다. 따라서 자신만의 이야기를 충실히 따르는 것이 중요합니다. 성공과 실패, 좌절과 환희로 가득 찬 그 과정을 어떻게 받아들이느냐에 따라 우리의 이야기가 더욱 의미 있게 완성됩니다.

자, 그럼 본격적으로 이야기를 나눠볼까요?

Chapter 1

호기심
Curiosity

질문이
이끄는 곳으로 가라

호기심의 크기가
삶의 크기다

궁금해하는 만큼 할 수 있는 것이 많아집니다. 예를 들어 유아를 봅시다. 그들의 호기심은 기본적인 생존법을 익히고 나서도 어른의 상상을 초월하지요. 그러니까 아이에게는 호기심의 크기가 삶의 크기입니다. 그런데 점점 자라면서 상황이 달라지지요. 더 이상 생존을 위해 궁금해하지 않아도 되고 하고 싶은 일이나 탐구하고 싶은 일보다 해야 할 일을 더 먼저 하는 일이 반복되면서 호기심은 점점 생기를 잃어갑니다. 그러고는 흘러가는 대로 사는, 그저 그런 어른이 되기 십상이지요.

　다행히 저에게 호기심은 어린 시절 한순간의 반짝임이 아니었습니다. 어릴 적부터 이어온 호기심은 단순한 궁금증을 넘어, 삶의 원동력이었습니다. 머릿속에 항상 질문이 떠오르고, 그 질문은 저를 멈추지 않고 앞으로 나아가게 했습니다. 거창한 것들이 아니었어요. 아내 로리는 저를 '정보를 빨아들이는 진공청소기' 같다고 표현하는데, 정말 그래요. 나무, 물고기, 기계의 작동 원리까지, 그 어떤 것도 저의 호기심 레이더에서 벗어나지 않습니다. 엘리베이터에 타면서도 '이건 어떻게 움직이는 거지?'라는 생각을 하며, 답을 찾기 위해 계속해서 질문을 던집니다. 때때로 그 질문이 너무 많아서 머릿속이 복잡해지기도 해요. '나는 도대체 왜 이렇게 생각이 많지?' 하는 고민을 한 적도 있고요. 그때 저의 은사님께서 해주신 말씀이 마음에 크게 와닿았습니다.

　"이봐 샘, 질문하는 것만으로도 충분해."

　그때 깨달았지요. 모든 질문에 답을 찾지 못하더라도, 질문을 던지는 것이 그 자체로 의미가 있다는 것을요. 정보를 빨아들이는 것, 곧 호기심을 멈추지 않는 것은 우리의 사고를 더 창의적이고 풍부하게 해줍니다. 모든 것에 질문을 던지고 그에 대해 배우려는 자세가 없으면, 새로운 아이디어나 가능성을 발견하기 어려워집니다. 우리는 늘 새로운 것을 배우고, 그 정보를 바탕으로 더 나은 선택을 해야 합니다. 호기심을 통해 얻은 정보는 우리에게 창의적인 통찰을 제공합니다. 질문이 없다면, 삶은 그저 정체될 뿐이겠지요. 그러니까 여전히 우리에게는 호기심의 크기가 삶의 크기입니다.

저는 어릴 적부터 어머니와 함께 다양한 문화를 접하며 자랐습니다. 어머니는 세계 각국의 음식을 사랑하셨고, 그 덕분에 저는 음식이라는 창을 통해 다른 문화를 배우게 되었지요. 시리아 식당에 가면 아랍어를, 멕시코 식당에서는 스페인어를 들으면서 음식을 즐겼습니다. 그 경험은 저에게 다른 문화에 대한 거부감 없이 그들의 삶에 다가가는 법을 가르쳐주었습니다. 음식을 나누는 순간, 그들과 더 가까워질 수 있었고, 그들이 살아가는 방식을 조금이나마 이해할 수 있었습니다.

히잡을 처음 접한 것도 그 중동 식당에서였습니다. 히잡을 쓴 여성들이 저와 어머니에게 음식을 나누어 주며 따뜻

하고 친절하게 대해주던 모습이 아직도 기억에 남아 있어요. 그들의 음식, 그들의 문화는 낯설었지만, 동시에 너무나도 긍정적으로 다가왔습니다. 음식을 나누며 우리는 단순히 배를 채우는 것이 아니라, 문화를 나누고, 그들의 삶을 조금씩 이해하는 기회를 얻었지요.

이런 경험은 제가 사회학에 빠져드는 계기가 됐습니다. 사회학은 저에게 단순한 학문이 아니라, 사람들의 삶을 깊이 이해하는 도구였습니다. 저는 사회학을 통해 사람들의 행동을 관찰하고, 그들이 왜 그렇게 행동하는지 질문을 던지며 세상을 탐구할 수 있었습니다. 사람들의 행동은 그들의 문화와 역사를 반영하며, 그 안에는 수많은 이야기가 담겨 있지요. 저는 그들의 이야기에 귀 기울이고, 그들의 문화적 배경을 탐구하며 더 넓은 시야를 갖게 되었습니다. 물론 세상의 모든 문화를 완전히 이해하기는 불가능하다고 생각합니다. 하지만 중요한 것은 그 문화를 이해하려고 노력하는 과정입니다. 마찬가지로 인생의 모든 문제에 모든 답을 알 수는 없지만, 그 답을 찾아가는 과정에서 우리는 더 나은 사람으로 성장할 수 있지요. 마치 작은 물방울들이 모여 물길을 만들어내는 것처럼요.

삶의 방향을 결정하는 건
정답이 없는 질문들이다

많은 사람이 정답에만 관심이 있습니다. 대개 점수와 순위에 크게 신경 쓰는 부류이지요. 그런데 점수와 순위는 타인이 만들어놓은 것입니다. 다른 사람이 그들의 시선으로 잣대를 만들고 평준화하며 줄을 세운 것이지요. 거기에 신경 쓰다 보면 스스로에게 보내야 할 시선을 타인에게 맞추게 됩니다. 무엇보다 소중한 자신을 들여다볼 시간이 줄어드는 것이지요. 내가 어떤 것에 관심이 있는지, 어떤 것을 더 알고 싶어 하는지에 더 귀를 기울여야 합니다.

저는 항상 궁금증을 갖고 질문을 던지면서도, 정답을 맞히는 것에는 그다지 신경을 쓰지 않았습니다. 그럴 수 있었던 것이 저는 노동자 계층 출신으로, 고학력자의 자녀가 아니기 때문에 정답을 맞혀야 한다는 압박감을 느끼지 않았습니다.

제 부모님 역시 제가 타이피스트나 속기사처럼 안정적인 직업을 갖기를 바라셨지만, 저는 스스로 밴드를 만들어 음악을 하거나 다른 길을 모색하고 싶어 했습니다. 성적이나 순위에는 크게 관심이 없었습니다. 교과서를 집에 가져가지 않았고, 숙제도 하지 않았습니다. 대신 도서관으로 가서 제가 좋아하는 책을 읽었습니다. 저만의 질문을 하고 답을 찾는 과정이었지요. 그 덕분에 저는 학교나 사회가 요구하는 '성공'이라는 개념에 얽매이지 않았습니다.

어릴 적부터 육체노동을 하며 돈을 벌었고, 그 일을 통해 성공적인 삶을 살 수 있다고 믿었습니다. 열일곱 살에 페인트공으로 일하기 시작했고, 이 일을 하면서 충분히 만족스러운 삶을 살 수 있다고 믿었습니다.

이렇게 말하면 어떤 사람은 제가 살아온 환경 덕에 이런 생각을 하게 되었다고 볼지도 모릅니다. 그러나 분명한 건 이렇게 성공, 행복, 꿈과 같은 어쩌면 모호한 단어들에 대하여 자신만의 질문을 던지고 답을 찾아가는 과정은 인생의 어느 때고 분명히 당신의 삶을 당신이 원하는 방향으로 이끌어줄 것입니다. 지금 당장 스스로에게 질문을 던져보세요.

"내가 좋아하는 것은 무엇인가."

"나는 어떤 삶을 살고 싶은가."

"나는 누구와 함께하고 싶은가."

이런 질문에는 정답이 없습니다. 우리 삶을 결정하는 건 이처럼 정답이 있는 질문이 아니라 정답이 없는 질문입니다. 저는 학문적인 경력이나 박사 학위를 취득하는 과정에서도, 교수가 되겠다는 구체적인 목표보다는 그저 연구에 몰두하며 그 시간을 즐겼습니다. 연구하면서 돈을 벌 수 있다는 사실 자체가 행복했고, 결과에 연연하지 않았습니다. 중요한 것은 진정으로 내가 원하는 질문을 던지는 것이었으니까요.

알다시피 성공은 세상 사람의 수만큼 있습니다. 저마다 원하는 삶을 사는 것이 성공이지요. 그것을 깨닫게 되면 타인의 시선에서 자유로울 수 있습니다. 저는 페인트공으로서 충분히 만족스러운 삶을 살았고, 학문에서도 그저 호기심을 따랐습니다. 저는 호기심 덕분에 다양한 분야에서 여러 경험을 쌓을 수 있었습니다. 경력 초기에만 해도 하나의 특정 분야에만 집중할 것이라고 생각했지만, 호기심이 저를 다양한 분야로 이끌었습니다. 그 결과 여러 가지 주제를 다루며 시야를 넓힐 수 있게 되었습니다.

예를 들어, 처음에는 사회적 관계와 상호작용에 대한 연구를 시작했지만, 점차 문화와 사회 구조에 관심이 커지면서 그 연구 분야를 확장하게 되었습니다. 호기심이 없었다면 이러한 경력 전환은 불가능했을 것입니다. 호기심이 저에게 다양한 기회를 제공하고, 그 기회를 통해 더 많은 성과를 얻게 해주었습니다. 호기심은 단순한 궁금증을 넘어, 경력을 형성하는 중요한 역할을 합니다. 저의 경력은 호기심 덕분에 다양한 방향으로 확장될 수 있었고, 그 과정에서 여러 성과를 얻을 수 있었습니다. 여러분도 경력에서 새로운 기회를 찾고 성장하고 싶다면, 호기심을 잃지 말고 항상 새로운 질문을 던져보세요. 그 질문들이 여러분의 경력에 새로운 길을 열어줄 것입니다.

그뿐만이 아닙니다. 호기심은 인간관계에도 큰 영향을 미칩니다. 저는 호기심 덕분에 더 깊이 있는 대화를 나누고, 사람들과의 관계에서 더 많은 것을 배울 수 있었습니다. 호기심은 사람들을 더 잘 이해하게 해주고, 그들을 존중하며 서로를 성장시키는 기회를 제공합니다. 호기심은 제가 사람들과 대화할 때 그들의 이야기에 더욱 귀 기울이게 했습니다. 사람들은 각자 자신만의 이야기가 있습니다. 그 이야기는 그들이 어떤 삶을 살아왔는지, 어떤 경험을 통해 지금의 자신이 되었는지 보여줍니다.

대화를 나눌 때 저는 그 사람에 대해 더 많이 알고 싶어 했습니다. 그들의 경험, 그들이 겪은 일들, 그들이 느끼는 감정에 대해 진심으로 궁금해했고, 그런 호기심 덕분에 더 나은 관계를 맺을 수 있었습니다. 사람들은 자신이 존중받 는다는 느낌을 받을 때 마음을 열고 더 깊이 있는 대화를 나누기 마련입니다. 호기심은 제가 사람들에게 그런 존중 을 보여줄 수 있도록 도와주었습니다. 제가 학생들에게 가 르치는 방식도 마찬가지입니다. 저는 그들에게 정답을 찾 으라고 요구하지 않습니다. 그 대신, 진정으로 그들의 이 야기를 듣고 그들 스스로가 진정으로 궁금해하는 질문을 던지고, 그 질문을 통해 스스로의 길을 찾아가도록 독려합 니다.

우리의 인생은
생각보다 훨씬 복잡하다

1984년, 제가 대학에서 처음 강의를 맡았을 때는 스물네 살에 불과했습니다. 석사 과정을 밟고 있던 저는 학과장의 요청을 받아들여 〈인간 생태학의 사이버네틱스〉 수업을 맡게 되었습니다. 솔직히 그 주제에 대해서는 거의 아는 것이 없었어요. 강의실에 들어가자마자 "사이버네틱스가 뭔지 아는 사람 있나요?"라고 물었지만, 아무도 대답하지 않았습니다. 그래서 저는 "저도 잘 모르지만, 여러분과 함께 배워가겠습니다"라고 말했지요.

그 순간 저는 학생들에게 솔직하게 다가갔습니다. 저 역시 답을 모른다는 사실을 인정하고, 함께 질문을 던지며 그 답을 찾아가는 여정을 시작한 겁니다. 이 과정이 저에게는 매우 자연스러웠습니다. 결국 그 수업은 학생들에게서 매우 높은 평가를 받았습니다. 제가 학생들에게 알려준 것은 지식이 아니라, 배움의 과정 자체였기 때문입니다.

그 첫 수업 이후로, 저는 매번 강의실에 들어갈 때마다 같은 철학을 유지했습니다. 내가 모든 답을 알 필요는 없다는 것이지요. 학생들에게 중요한 것은 정답을 받는 것이 아니라, 좋은 질문을 던지며 스스로 답을 찾아가는 것이었습니다. 제가 던지는 질문은 저 역시 답을 모르는 것이 대부분이었지만, 그 질문을 통해 학생들은 스스로 더 깊이 생각하고, 탐구하는 기회를 얻게 되었습니다.

제가 가르치는 방식이 다른 교수님들과는 다를 수 있습니다. 어떤 교수님은 자신의 수업에 대한 비판을 두려워하고, 자신을 방어하려고 합니다. 하지만 저는 수업을 열어놓고, 모든 사람에게 보여주고 싶어 했습니다. 저 스스로가 모든 것을 다 아는 사람이 아니며, 제가 원하는 것은 저의 궁금증을 학생들과 함께 채워가는 그 과정임을 잘 알기 때문입니다. 과정은 완전하지 않습니다. 그러므로 과정을 중시하면 모든 비판을 수용할 수 있는 유연성이 생깁니다. 적합한 비판은 받아들이고 그렇지 않은 것은 배제할 수 있게 되지요. 그 또한 배움의 과정 중 일부이고, 그것을 통해 배움의 깊이를 더해갈 수 있습니다.

특히 사회학에서는 하나의 질문이 수많은 답을 불러일으킵니다. 우리가 어떤 질문에 대한 답을 찾더라도, 그 답은 또 다른 질문으로 이어지게 마련입니다. 세상은 우리가 생각하는 것보다 훨씬 복잡하며, 정답이 있다고 생각하는 순간 우리는 그 복잡함을 놓치게 됩니다.

삶이 막막한 건
올바른 질문을 찾지 못해서다

학생들은 복잡한 세상에 나아가기 위한 준비를 하는 사람입니다. 그 시기를 소중히 해야 합니다. 소중하게 생각한다는 것은 매 순간 의미를 찾아야 한다는 말입니다. 수업의 내용을 예민하게 알아채고 내가 아는 것과 그렇지 않은 것을 구분하는 연습을 해야 합니다. 질문은 그런 연습에 제격이지요. 그런데 많은 학생이 그 시간을 관망하며 보냅니다. 그들이 수업 시간에 질문을 하지 않는 이유는 방해가 될까 봐, 혹은 자신이 바보처럼 보일까 봐 두려워서라고 말합니다. 전 세계 학생들 특히 한국 학생에게서 이런 모습을 자주 봅니다. 수업 후에 "궁금한 게 있었지만, 방해가 될까 봐 질문하지 않았다"고 말하는 학생이 많습니다. 하지만 저는 항상 말합니다.

"우리는 질문하러 온 겁니다. 질문하지 않으면 우리가 이 강의실에 있을 이유가 없습니다."

한국 학생은 수능이라는 중요한 시험을 치러야 하고, 그 시험을 잘 치러야만 하기 때문에 정답이 아닌 것에 관심을 가질 여유가 없습니다. 그러다 보니 진정한 호기심과 탐구 정신을 잃게 됩니다. 정답을 찾는 것이 아니라, 왜 그런 질문이 나오게 되었는지, 그 질문에 대해 어떻게 생각해야 하는지 고민하는 것이야말로 진정한 배움인데, 이런 과정을 배우지 못하는 것이지요.

무척 안타까운 일입니다. 시험 성적이 우수한 한국의 학생들조차 자신에게 던져야 할 인생의 질문을 던지지 못하는 모습을 자주 봐왔습니다. 명문대 학생들조차 말이지요. 그런데 제때 해야 할 질문을 제때 던지지 못하면 문제가 발생합니다. 삶의 어느 순간, 20대 후반이나 30대가 되면 자신에게 다시 질문을 던질 때가 찾아옵니다. 그 시점에 이르러 학생들은 '지금까지의 교육이 내 호기심을 충족시키지 못했어'라고 깨닫게 될 것입니다. 한마디로 '그동안 나는 뭐 했나' 하는 의문이 그제야 드는 것이지요. 그때부터는 당황합니다. 어디서부터 시작해야 할지 난감해지지요. 자신이 뭘 좋아하는지 같은 사소한 질문조차 쉽게 답하지 못합니다. 그 시점에서 성공을 위해 필요한 질문은 학교에서 답을 얻기 위해 던졌던 질문과는 매우 다릅니다.

제 수업을 들은 어떤 학생은 당신이 생각하는 이상적인

삶이 무엇이냐는 저의 질문에 이렇게 답했습니다. "삶의 마지막 순간에 제 삶이 가치 있는 여정이었다고 말할 수 있기를 바랍니다." 이런 대답은 문제 풀이를 통해 나오는 것이 아닙니다. 이것은 정답이 없는 질문에 대해 깊이 고민하고, 그 답을 찾기 위해 노력하는 여정에서 나오는 깨달음입니다. 이런 학생은 사회에서 만나는 수많은 문제에도 같은 과정을 통해 현명하게 대처합니다. 그러므로 삶이 막막하게 느껴지는 것은 정답을 찾지 못해서가 아니라 올바른 질문을 찾지 못해서입니다.

때때로 호기심에도 용기가 필요하다

이미 늦었다고 생각하는 사람도 있을 것입니다. 환경을 탓할 수도 있습니다. 그저 흘러가는 대로 살아갈 수도 있습니다. 그런데 문제를 발견하고도 스스로 질문을 던지지 않는 것은 자기 자신을 사랑하는 태도가 아닙니다. 원하는 삶으로 나아가기도 어렵지요. 그러므로 다시 한번 호기심을 갖도록 노력해야 합니다. 조금 더 진지해져야 하지요. 처음부터 거창하지 않아도 됩니다. 작은 것에서부터 시작해도 충분합니다. 사소한 질문이 결국 더 큰 통찰로 이어집니다.

예를 들어, '꿀벌은 어떻게 다리에 묻은 꽃가루를 털어낼까?' 같은 단순한 궁금증에서부터 시작해보세요. 제 아내는 일상의 작은 것에서 교훈을 얻는 데 능숙합니다. 풀밭에 기어가는 딱정벌레를 보며 인생의 의미를 찾아내는 식이에요. 사물에서 시작해 점점 자신에게로 중심을 옮겨오는 것이지요. 이런 작은 호기심이 점차 큰 질문으로 이어지고, 결국 더 넓은 시야를 얻게 되는 과정을 통해 삶을 바라보는 시선의 높이를 올려줄 것입니다.

삶의 방향을 바꾸는 것은 매우 두려운 일일 수 있습니다. 오랫동안 특정한 방향으로 살아오다가, 어느 순간 그 방향이 나에게 맞지 않는다는 것을 깨달을 때 혼란스럽고 두려울 수 있습니다. 하지만 변화는 두려워할 것이 아닙니다. 특히 젊은 시절에는 언제든지 새로운 질문을 던지고, 그 질문을 통해 다른 길을 모색할 기회가 있습니다. 특히 20대, 30대 초반이라면 지금이야말로 새로운 질문을 던지

고, 그 질문을 통해 자신의 인생을 다시 설계할 수 있는 중
요한 시기입니다. 그 변화는 두렵지만, 결국 그 질문들이
우리를 더 나은 삶으로 이끌 것입니다.

질문을 던지지 않는 사람, 특히 수줍음이 많은 사람은
'내가 취약해 보일까 봐' 질문을 꺼릴 수 있습니다. 하지만
중요한 것은, 모든 사람이 그와 같은 취약성이 있다는 점
입니다. 우리는 모두 완벽하지 않으며, 그 점을 인정할 때
더 성장할 수 있습니다. 저 역시 수줍음을 느낄 때가 많지
만, 그럼에도 호기심을 따르고 질문을 던지는 것을 포기하
지 않습니다.

사람들은 저를 매우 외향적이라고 생각하지만, 사실 저
도 오랜 훈련을 통해 이러한 자세가 생기게 되었습니다.
중요한 것은 다른 사람들도 나와 같음을 인식하는 것입니
다. 우리는 모두 같은 감정을 공유하며, 그 속에서 스스로
를 훈련해야 합니다. 마찬가지로 조금 더 나답게 살기 위
해서 필요한 호기심이 부족하다는 것을 깨달았다면 그것
을 바로잡아야 합니다. 이때 필요한 것이 용기입니다. 떠
밀리듯 살아가는 것을 멈출 용기, 나를 전혀 모르는 사람
의 조언을 무시할 용기, 나 자신의 목소리에 귀를 기울일

용기 같은 것들 말이지요. 그리고 그것들을 바탕으로 삶의 방향을 찾아야 합니다.

물론 이미 행복하다면 더 이상 질문을 던지지 않아도 됩니다. 그래도 괜찮습니다. 어떤 사람은 자신이 이미 선택한 삶에 만족하며 살아가고, 그러한 삶에서 더 이상 질문을 던지지 않아도 충분히 행복할 수 있습니다. 그런 사람에게 군이 삶의 방식을 바꾸라고 권하지 않아도 됩니다.

스스로 길을 잃은 것 같거나, 지금의 삶이 만족스럽지 않다면, 그때는 내면의 질문을 시작해야 합니다. 중요한 점은, 그 답은 다른 사람에게 있지 않다는 것입니다. 자기계발서에서 제시하는 '5단계' 같은 정해진 길을 따르기보다, 자신에게 맞는 질문을 찾아야 합니다. 심지어 이 책도 그저 참고일 뿐이며, 진정한 답은 여러분 안에 있습니다.
성공은 남들이 만들어놓은 길을 따라가는 것이 아니라 자신만의 길을 만들어가는 것이니까요.

Chapter 2

자기 발견

Knowing Oneself

나를 찾는 여행은
인생을 이해하는 과정이다

당신은
누구입니까?

자기 자신에게 이런 질문을 던져본 적이 있나요? 이 질문은 매우 심오한 질문입니다. 어쩌면 어떤 사람은 일생에 한 번도 자기 자신에게 던져보지 못할 수도 있는 질문이지요. 우리는 매일 수많은 사람과 관계를 맺고 세상의 다양한 일에 반응하며 살아가지만, 정작 자신을 깊이 이해하는지에 대해서는 거의 고민하지 않는 경우가 많기 때문입니다. 만약 여러분도 아직 이 질문을 해보지 않았다면 꼭 해보기 바랍니다. 이번 장의 시작이자 끝이고, 아마도 여러분 인생에도 큰 영향을 미칠 것입니다. 나아가 여러분이 어디서 왔는지, 그리고 어디로 가는지 스스로 탐구하도록 이끌 것입니다.

우리가 이 세상에서 보내는 대부분의 시간은 우리 자신과 함께합니다. 따라서 내면의 세계를 깊이 이해하지 않고 자신과 진정한 교감을 이루지 못한다면, 삶에서 얻을 수 있는 수많은 기회를 놓치게 됩니다. 제가 이 점을 알게 된 건 아주 어린 시절이었지요.

어렸을 때부터 저는 사람, 특히 나이가 많으신 어르신들에게서 강한 매력을 느꼈습니다. 아마 다섯 살 정도였을 겁니다. 저는 그때부터 동네 나이 지긋하신 어른들의 집으로 종종 놀러 갔는데 그분들이 정말 흥미롭고 매력적이라는 것을 깨달았어요. 그분들과 자연스럽게 친구가 되었고, 동네에서는 제가 '어르신들을 돌보는 소년'으로 알려졌습니다. 저는 집안일을 돕거나 그저 이야기를 나누며 그분들과 시간을 보냈습니다. 때때로 아무 말도 하지 않고 그냥 함께 앉아 있기도 했지요. 이런 생활은 제가 20대 중반에 고향을 떠날 때까지 계속되었습니다. 그 시간을 보내며 제가 깨달은 것이 있습니다. 바로 죽음을 준비하는 노인에게는 네 가지 유형이 있다는 점입니다.

첫 번째는 자신의 모습 그대로에 만족하며 특별한 욕망 없이 살아가는 사람입니다. 저는 이런 분들을 '부처님 같은 사람'이라고 불렀습니다. 제 어린 시절 이웃 중 한 분이 그랬습니다. 그녀는 특별히 고등교육을 받지 않았지만, 놀라운 내면의 평온함과 지혜를 가진 분이었습니다. 그녀와는 그녀에 앉아 아무 말 없이 시간을 보내곤 했어요. 그분은 저를 '내 아들'이라고 불렀고, 저는 그녀에게 자식 같은 존재였지요. 연세가 많으셔서 거동이 불편했기 때문에 저는 그분의 집안일을 많이 도와드렸습니다.

두 번째는 자신이 살아온 삶에 만족하지 못하고 후회로 가득 찬 사람입니다. 이런 분들은 흔히 부정적이고, 그 부정성이 삶의 모든 면에서 드러납니다. 저는 그분들을 보며 중요한 교훈을 얻었습니다. 인생에서 실패와 후회를 반복하면 정말 어두운 사람이 될 수 있다는 사실이었어요. 저는 그분들을 '어둠의 사람'이라 불렀습니다. 제가 이 그룹에 포함한 할머니가 한 분 있었습니다. 그 할머니는 너무 부정적이어서 친구가 거의 없었지요. 그래서 저도 그분 곁에 있고 싶지는 않았지만, 종종 시간을 보냈습니다. 그런

데 아이러니하게도 그 할머니는 저에게 부정적이지 말라고 가르쳐주셨습니다.

세 번째는 다양한 삶의 경험을 통해 얻은 이야기와 교훈으로 가득 찬 사람입니다. 저는 그분들을 '현명한 사람'이라고 불렀습니다. 그들은 제가 가장 매력을 느낀 유형이기도 했어요. 저는 이분들의 이야기를 들으며 끝없는 질문을 던졌고, 그 덕분에 제 내면이 더욱 풍요로워졌습니다. 이런 사람이 몇 명 있었는데, 저는 항상 그들과 함께 있고 싶었고 그들이 저에게 계속 가르쳐주기를 원했기 때문에 그들의 삶에 대해 계속해서 질문했습니다.

마지막 유형은 자신을 알지 못하는 사람입니다. 이분들은 대화에서 어떤 긍정적인 교훈도, 부정적인 교훈도 전하지 못합니다. 그들은 스스로에 대한 인식이 매우 제한적이어서, 그들과 대화를 나누면 결국 공허함만 남았습니다. 저는 그분들을 '뼈만 남은 사람The bones people'이라 불렀습니다. 이들은 자기 인식의 부재로 어떤 내면 세계도 갖지 못했습니다. 다른 사람들처럼 뼈는 있으나 생명을 주는 피와 살이 없는 것 같았지요.

이 네 유형의 사람과 나눈 교류는 제 인생의 중요한 전환점이었습니다. 물론 저의 자기 탐구 여정은 20대 초반에 서야 본격적으로 시작되었고 20대 중반에 이르러서야 지적인 차원에서 정서적이고 심리적인 차원으로 깊어졌지만, 돌이켜보면 어렸을 때부터 동네 어른들을 통해 이미 자신을 아는 것의 중요성에 대해 배우고 있었던 겁니다. 이런 경험 자체가 저 스스로를 돌아보고 인생의 방향을 정하는 데 큰 도움이 되었습니다. 덕분에 저는 언제나 저 자신을 들여다보려고 했지요. 제가 가장 흥미를 느끼는 노인이 되는 길을 찾아서 재미있는 노인이 되고 싶었지요.

여러분은 어떻습니까? 삶의 여정을 돌아보며, 자신의 내면을 들여다본 적이 있나요? 지금 부처님처럼 평온하게 살아가는 사람인가요, 아니면 후회와 어둠 속에서 길을 잃고 헤매는 사람인가요? 혹시 너무 늦었다고 생각하지는 않나요? 괜찮습니다.

중요한 것은 지금 이 순간부터 자기 자신을 알아가는 여정을 시작할 수 있다는 점입니다. 이 질문을 늘 마음에 품는다면요.

'당신은 노인이 되었을 때 어떤 사람이 되고 싶나요?'

나를 아는 것은
어쩌면 전부를 아는 것이다

자기 성찰에 엄청난 시간을 쏟으며 자신의 마음속 가장 깊은 부분까지 탐구하는 사람이 있습니다. 이들은 평생에 걸쳐 자신을 연구하며, 정신분석이나 심리치료에 매주 몇 시간씩을 투자하지요. 이런 분들은 자신의 내면 깊숙한 곳까지 들여다보며 놀라운 통찰력을 얻습니다.

하지만 저는 그런 사람은 아닙니다. 그들처럼 정교하고 깊게 저 자신을 이해하지는 못했습니다. 그건 제 직업과도 관련이 있습니다. 제 관심은 늘 다른 사람, 그리고 다른 문화에 쏠려 있기 때문입니다. 사람과 사회를 이해하는 데 몰두하다 보니 저 자신을 위해 깊은 내면의 여정을 떠날 시간과 에너지를 내기가 쉽지 않았습니다.

그렇다고 해서 제가 저 자신을 모른다는 것은 아닙니다. 저는 살아가면서 만나온 사람들에게 흥미로운 동반자가 될 수 있을 정도로 저 자신을 알고 있다고 믿습니다. 저는 지루하지도, 부정적이지도, 그리고 공허하지도 않은 사람입니다. 이는 제가 자기 인식을 어느 정도 갖추고 있다는 증거이기도 합니다. 그런 저에게도 지난 20년 동안 두 번의 중요한 내면의 변화가 있었습니다. 저 자신을 더욱 깊이 알게 된 중요한 계기였지요.

첫 번째는 50대 초반, 저는 갑자기 무언가를 창조하고 싶다는 강렬한 욕구를 느꼈습니다. 당시 제가 운영하던 월드 인 컨버세이션World in Conversation은 전 세계로 확장되며 유엔과 NATO 같은 대규모 조직들과 협력하기 시작했습니다. 이때 저는 이 조직을 '세계에서 가장 큰 커뮤니케이션 센터'로 만들어야겠다는 생각에 강하게 사로잡혔습니다. 제 아내 로리는 이런 저를 보며 진정하라고 말렸지만 저는 멈출 수 없었습니다. 아이도 없고 남길 유산도 없는 제게 이 일은 제가 존재하는 이유처럼 느껴졌습니다. 저는 로리에게 계속 말했어요.

"이건 단지 그냥 하고 싶다는 차원의 일이 아니에요. 나의 온몸과 마음 심지어 영혼까지 이 일을 해야 한다고 말하고 있어요. 나는 이 일을 반드시 해야만 해요."

결국 로리와 저는 함께 조직을 발전시켰습니다. 물론 그 결과는 제가 처음에 상상하던 것과는 조금 다르게 흘러갔지만 말이지요. 하지만 이 모든 과정에서 저는 제 내면의 열망과 그 방향성을 깊이 이해하는 능력이 있음을 다시금 확인할 수 있었습니다.

두 번째 경험은 60세가 되었을 때 찾아왔습니다. 건강에 큰 문제가 생겼지요. 목에는 동맥류가 생겼고, 혈압도 위험 수준으로 높아졌습니다. 평소 저는 죽음에 대해 편안한 태도를 가지고 있었습니다. 죽음을 두려워하지 않았고, 언젠가는 그 순간이 온다는 것을 알고 있었습니다. 하지만 실제로 건강이 악화해 죽음이 더 가까이 다가온 순간, 전혀 예상치 못한 감정을 마주하게 되었습니다. '아, 내가 정말 준비되지 않았구나.' 이런 생각이 들었습니다. 제 인생은 이제 막 흥미로워진 참이었거든요.

10년 전만 해도 누군가 저에게 "죽을 준비가 되었나요?"라고 묻는다면, 저는 주저 없이 "네"라고 대답했을 것입니다. 하지만 그 순간은 아니었습니다. 그때 제 내면의 자기 성찰이 얼마나 중요한지 절실히 깨달았습니다. 만약 저 자신을 잘 몰랐다면, 저는 그 상황에 완전히 압도되었을 것입니다. 어떻게 해야 할지 몰라 허둥댔겠지요. 그러나 저는 제 내면세계를 나름대로 이해했기에, 두려움을 느끼면서도 진지하게 그 상황을 분석하고 대처할 수 있었습니다.

이렇게 살면서 우리는 여러 번 인생이 변화하는 것을 느낍니다. 저처럼 커다란 사건을 마주하거나, 아니면 자연스럽게 나이가 들어가면서 말이지요. 그러므로 자신을 탐구하는 일은 고정된 목표가 아니라 평생을 통해 계속 변화하고 발전하는 여정입니다.

살다 보면 새로운 감정과 욕망, 두려움이 갑작스럽게 찾아옵니다. 그때 그 변화를 이해하고, 그것에 적응하며, 그 속에서 스스로를 다시 발견해야 합니다. 그것이 인생이지요. 자신에 대해 이해하지 못한다면 삶과 인생에 대해 어떤 말도 할 수 없습니다. 그러니 어쩌면 나를 알아가는 과정은 인생을 알아가는 과정일지도 모릅니다.

자기소개서 속의 나는 진정한 내가 아니다

그렇다면 자기 자신을 이해하려면 어떻게 해야 할까요? 많은 사람이 자기 성찰을 이력서나 자기소개서를 작성할 때만 합니다. 그렇다 보니 자기 자신을 깊이 탐구하지 못한 채, 자신을 타인의 기준에 맞추는 데 급급합니다. 한국에서는 특히 자기소개서가 매우 형식적입니다. 점수, 성과, 과외 활동 같은 '돋보이는' 요소만 강조하는 경우가 많지요. 학생들은 그 과정에서 자신의 인생이 단순히 숫자와 몇 가지 활동으로 요약되는 것처럼 느끼기도 합니다. 이러면 나이가 들어서도 자신이 좋아하는 일이 무엇인지조차 찾을 수 없게 됩니다.

진정으로 자신을 이해하려면 우선 자기소개서와는 다르게, 진짜 자신에 대해 깊이 생각해보고 그것을 말이나 글로 표현해야 합니다. 많은 사람이 자기 자신에 대해 글을 쓰는 데 어려움을 겪습니다. 특히 젊은 세대는 더욱 그렇습니다. 이유는 간단합니다. 아직 충분한 삶의 경험과 내면의 깊이가 없기 때문이지요. 그것은 시간이 해결해줄 문제입니다. 그러니 너무 걱정하지 않아도 됩니다.

자신에 대해 글을 쓰기 어려운 또 한 가지 이유는 '성격적인 단점, 어린 시절 상처, 나쁜 습관' 등 스스로의 민낯을 만나는 일이 때때로 매우 고통스럽기 때문입니다. 그렇지만 누구에게나 어두운 면은 있습니다. 그런 면까지 인정할 때 진짜 자신을 만날 수 있습니다. 그때서야 방향이 보입니다. 피부의 상처나 골절 같은 몸의 병도 의사에게 보여주어야 치료가 시작됩니다. 마찬가지로 자신의 내면을 향한 탐색 또한 스스로 시각화할 때 더 자세히 볼 수 있습니다. 이 과정이 고통스러워도 끝내고 나면 자신을 훨씬 더 명확히 알 수 있게 됩니다. 인생의 방향도 더 선명해지겠지요.

글을 쓰기 어렵다면 처음에는 믿을 수 있는 사람에게 이야기하는 것으로 시작해보세요. 분명한 것은 누군가에게 보이기 위한 자기소개서를 쓰는 일이 아닙니다. 오직 자신만을 위한 자기소개서를 써보세요. 자기 자신을 성찰하고 표현하는 것은 단순히 글쓰기나 말하기의 기술을 넘어, 자신의 내면을 깊이 탐구하고 그것을 외부 세계와 연결하는 행위입니다. 그것은 무르익은 과일처럼 시간이 필요합니다. 단단했던 망고가 선반 위에서 천천히 익어가며 단맛을 내듯, 자기 이해도 경험과 성찰을 통해 점차 깊어집니다. 시간이 흐를수록 결국 여러분만의 독창적인 이야기를 찾게 될 겁니다.

인생에 GPS를
설치하는 일

자신에 대해 알기 위한 방법으로 글쓰기만큼 중요한 것이 있습니다. 바로 심리치료입니다. 저는 50대나 60대가 되어도 꼭 필요한 것이 바로 이 심리치료라고 생각합니다. 글쓰기가 혼자 자신의 내면을 탐색하는 일이라면, 이것은 객관적이고 신뢰할 수 있는 제3자와 함께 자신을 탐색하는 일입니다. 제 경험으로는 심리치료 전의 저와 심리치료 후의 제가 완전히 다르다고 생각할 만큼 저 자신을 아는 데 중요한 역할을 했지요.

스물일곱 살, 저는 심리치료를 받기 시작했습니다. 심리적으로 큰 문제가 있는 상태는 아니고, 그냥 스스로를 더 깊이 이해하고 싶었습니다. 그 당시 저는 사회학을 공부하며 여러 페미니스트 여성과 교류했고, 남성으로서의 정체성에 대해 끊임없이 질문했습니다. 그 과정에서 남성 전문 심리치료사를 만나게 되었지요. 저는 그에게 "남성 그룹에 참여할 수 있을까요?"라고 물었고, 그는 저를 일대일 세션으로 초대했습니다. 처음에는 그저 남성 그룹 세션에 참여하고 싶었을 뿐인데, 이 개인 세션이 제 인생을 송두리째 바꿔놓을 줄은 몰랐습니다.

첫 번째 세션은 저에게 충격적이었습니다. 심리치료사가 제 삶, 역사, 흥미로운 부분에 대해 질문했을 때, 저는 50분 내내 끊임없이 말했습니다. 누군가가 제 이야기를 이토록 진지하게 들어준 적이 처음이었거든요. 세션이 끝날 무렵, 그는 "계속하고 싶나요?"라고 물었고, 저는 주저하지 않고 "물론이에요"라고 대답했습니다. 그렇게 제 여정이 시작되었습니다.

심리치료는 제 내면을 탐구하는 데 중요한 토대를 마련해주었습니다. 저는 매주 한 번씩 개인 심리치료를 받았고, 8~9명으로 구성된 그룹 심리치료에도 참여했습니다. 이 모든 과정의 목표는 단순했습니다. 바로 저 자신을 이해하는 것이었지요. 이전까지 저는 심리치료를 상처받거나 우울한 사람이 받는 것이라고만 생각했습니다. 하지만 저는 그런 사람이 아니었습니다. 당시 저를 만났다면, 여러분도 저를 꽤 괜찮은 사람이라고 여겼을 겁니다. 하지만 심리치료는 단순히 문제 해결을 넘어, 자신의 모든 층을 탐구할 기회를 제공했습니다. 저는 심리치료를 통해 제 안에 이미 존재하던 감정과 이야기를 마주하게 되었고, 이것은 제 인생을 완전히 변화시켰습니다.

심리치료를 받는 데 중요한 것은 심리적으로 문제가 있는지 여부가 아닙니다. 심리치료는 마치 인생의 GPS와도 같습니다. 우리는 복잡한 도시를 탐색할 때 GPS를 사용합니다. 그렇다면 왜 자신의 삶을 탐색하는 데는 도움을 받지 않으려는 걸까요? 심리치료사는 여러분이 스스로에 대해 더 나은 질문을 하도록 안내하고, 그 답을 찾도록 돕는 역할을 해줄 것입니다. 전문적인 지식과 다양한 방법으로 이루어진 프로그램으로 여러분이 스스로를 더 잘 알 수 있도록 안내하지요. 타로 카드보다, MBTI에만 의존하는 것보다 훨씬 더 깊이 자신을 이해할 수 있는 계기가 될 것입니다.

저는 모든 이에게 심리치료를 권합니다. 단 6회만이라도 좋습니다. 심리치료사는 당신의 말을 끊지 않을 것입니다. 당신은 그냥 이야기하고, 그러면서 이전에는 한 번도 해보지 않은 말을 하게 될 것입니다. 왜냐하면 심리치료사는 당신이 거의 스스로에게 묻지 않는 질문들을 하고, 다른 사람들도 결코 당신에게 묻지 않을 질문들을 던지기 때문입니다. 예를 들어, "초등학교 시절, 당신을 가장 행복하게 한 것은 무엇인가요?"라거나, "평범한 하루를 떠올리며 아침에 일어났을 때, 가장 기대되는 것은 무엇인가요?"라는 질문을 할 수 있습니다.

저는 이런 질문들이 정말 흥미롭습니다. 곧바로 답하게 되지요. 사람들은 이런 질문에 답하는 과정에서 스스로를 더 잘 이해하게 됩니다. 어떤 사람은 종종 심리치료 중에 받는 질문들이 너무 개인적이어서 낯선 사람 앞에서 대답하기 어렵다고 생각할 수도 있지만, 실제로 그런 경우는 드뭅니다. 심리치료사는 더 많은 질문을 던질 것이고, 당신은 심리치료실을 나서면서 스스로도 생각지 못한 말을 하게 된 자신을 발견하게 될 것입니다.

단지 몇 번의 심리치료만으로도 여러분은 스스로도 몰랐던 내면의 이야기를 발견할 것입니다. 때때로 눈물을 흘릴 수도 있고, 때때로 새로운 통찰에 놀라게 될 것입니다. 이러한 과정을 통해 여러분은 무겁게 짊어지고 있던 감정의 짐을 내려놓고, 더 가벼운 마음으로 삶을 살아가게 될 겁니다.

신뢰할 수 있는 친구는
나를 발견하는 거울을 선물한다

나 자신을 알기 위해 특별히 실천하는 습관이 있느냐는 질문을 종종 받습니다. 저 역시 일기를 쓰거나 명상을 해보기도 했습니다. 물론 두 가지 모두 유익하지만, 솔직히 꾸준히 하지는 못했습니다. 그러나 신뢰할 수 있는 낯선 사람이나 저를 잘 아는 친구와 나누는 대화는 정말 가치 있는 경험이었습니다. 이는 심리치료와는 다르지만, 때때로 비슷한 통찰을 제공하기도 합니다.

예를 들어 대학 시절 사귄 첫 여자친구는 저의 지적 여정을 이끌어주었습니다. 그녀는 학문적으로 매우 열정적인 사람이었고, 그녀 가족과의 지적인 논쟁에 참여하기 위해 저도 사고의 폭을 넓혀야 했습니다.

그리고 또 한 사람, 저의 가장 친한 친구이자 동반자인 로리는 저를 내면 더 깊은 곳까지 안내하는 사람입니다. 저는 한때 로리에게 짜증을 내곤 했습니다. 왜냐하면 자기 이해와 자기 탐구에 관한 한, 어떤 것도 로리에게는 충분하지 않았기 때문입니다. 제가 어떤 대답을 하더라도 그녀는 그냥 받아들이지 않았습니다. 항상 이렇게 말했지요.

"그럼 당신은 어떻게 생각해요?"

그러면 저는 "더 이상 없는 것 같은데요"라고 대답했습니다. 하지만 그녀는 여기서 멈추지 않았습니다. 항상 이렇게 이어갔지요.

"생각해봐요. 계속 해봐요."

그러면 저는 결국 무언가를 생각해냈습니다. 하지만 로리는 거기서 멈추지 않았습니다. 로리에게 마음은 저에게 세상이 그러하듯, 자기 탐구의 기회였습니다. 그러니 계속해서 질문을 멈추지 않았지요. 그녀는 제게 종종 왜 다른 나라나 새로운 곳으로 여행을 떠나려 하는지 물어보았습니다. 그때마다 저는 항상 "세상이 정말 넓고, 다양한 것이 가득해서요"라고 대답했지요. 그러면 그녀는 고개를 끄덕이며 마음도 정말 넓고, 자아와 우리의 역사도 그렇다고 했습니다. 나이가 들수록 우리는 더 많은 역사를 갖게 되고, 자기 탐구를 많이 해왔다면 더 흥미롭고 놀라운 곳으로 나아갈 수 있다고 했지요. 나아가 자기 탐구를 하지 않는다면 결국 갈 곳이 없게 될 거라는 말도 강조하면서요.

로리와 나누는 이런 대화는 저를 깊이 생각하게 만들었

습니다. 한 번도 여행을 해본 적이 없는 사람이 인생의 끝자락에 다다랐다고 상상해보세요. 마침내 다른 나라로 여행을 떠나게 되었지만, 스스로는 다른 곳으로 가는 방법을 몰라서 결국 다른 사람들이 데려다주는 투어에 따라야만 한다면 어떨까요? 그리고 아마도 다른 사람들이 수없이 다녀온 뻔한 장소만 둘러보게 되겠지요. 내면 여행도 마찬가지입니다. 한 번도 깊이 있게 자신을 생각해보지 않는다면 인생의 마지막 순간에 남길 것도 없겠지요. 이처럼 저를 깊이 이해하는 사람은 저에게 심리적, 지적 탐구를 위한 출발점이 되어주었고, 저를 더 잘 알 수 있는 계기가 되어주었습니다. 그들이 없었다면 지금의 저는 존재하지 않았을 겁니다.

보이고 싶은 마음에 대하여

저의 경험처럼 인간은 타인과의 관계를 통해 스스로를 발견하고 성장합니다. 친구, 연인, 동반자와 나누는 대화는 단순히 상호작용에 그치지 않고, 우리 자신을 더 깊이 이해하도록 도와줍니다. 그리고 현대 사회에서 이러한 자기발견의 여정은 단지 가까운 관계에서만 이루어지는 것이 아닙니다. 소셜미디어의 발달은 아주 먼 타인과도 손안에서 연결되도록 해주니까요. 따라서 수많은 연결로 이루어진 현대 사회에서 타인과의 관계에서 자신을 어떻게 정의하느냐는 매우 중요한 일이지요.

또한 인간은 본질적으로 사회적 동물입니다. 생존과 성장을 위해서는 다른 사람들과의 연결이 필수적입니다. 우리는 사회적 상호작용을 통해 인간으로서의 정체성을 형성하고 삶의 의미를 발견합니다. 이 과정에서 타인에게 '보이고 이해받고자 하는 욕망'은 단순히 성격적인 특성이 아니라 인간의 보편적인 특성이라고 할 수 있습니다. 이런 특성은 사회가 발달함에 따라 다른 모습으로 나타납니다.

50년 전이나 100년 전에는 '보이는 것'에 대한 개념이 오늘날과는 매우 달랐습니다. 당시에는 소셜미디어 같은 플랫폼이 존재하지 않았기 때문에, 타인에게 보이는 것은 물리적인 교류를 통해 이루어졌습니다. 예를 들어, 유명세를 얻기 위해서는 잡지나 신문의 특집 기사 같은 제한된 채널에 의존해야 했습니다. 이러한 방식은 매우 한정적이고, 그 효과 또한 일시적이었습니다.

하지만 지난 15년 동안 소셜미디어의 발달은 '보이는 것'의 의미를 혁신적으로 바꾸어놓았습니다. 수많은 사람이 서로 연결되게 해주었지요. 많은 사람이 정보를 얻고 자신의 다양한 재능을 알리는 용도로 소셜미디어를 활용합니다. 또래 집단이나 동호회 같은 커뮤니티의 용도로 쓰이기도 하지요. 이제는 단순히 글을 올리거나 사진을 공유하는 것만으로도 전 세계 수십 명 또는 수천 명의 사람에게 자신을 알릴 수 있습니다.

그러나 이런 접근성은 가끔 보이고자 하는 욕망을 지나치게 부추깁니다. 이러한 부정적인 영향으로 소셜미디어는 때때로 현실의 도피처가 되거나 일종의 중독 현상을 보이기도 합니다. 일부 한국인, 특히 한국의 청소년도 예외는 아니지요. 좋아요 수나 댓글을 확인하려고 하루 종일 휴대전화에서 눈을 떼지 못하는 경우도 있습니다. 또 몇몇은 소셜미디어에서 본 것을 기준으로 스스로를 평가하기도 하는데, 이것 역시 바람직하지 않습니다. 보이고 싶은 마음이 소셜미디어를 만나 부정적인 모습으로 나타나는 예입니다.

물론 모든 사람이 소셜미디어를 부정적으로만 사용하지는 않습니다. 실제로 많은 사람이 긍정적으로 사용하고 있지요. 또 소셜미디어를 효과적으로 사용할 수 있는 여러 방법이 있습니다. 예를 들면 이런 식이지요. 길을 걸으며 카메라를 보고 이야기하거나 요리를 하면서 대화하는 짧은 영상을 찍어 유튜브에 올려보세요. 10명이나 20명 정도만 시청할 수도 있지만, 그들은 당신의 이야기를 직접 들은 10명, 20명입니다. 그들에게 피드백을 요청해보세요. 영상 속 당신의 모습이 어땠는지, 어떤 사람으로 보이는지 구체적으로 물어보는 것이지요. 그리고 그들이 어떤 이야기를 하는지 들어보세요. 어쩌면 당신의 새로운 모습을 발견하게 될 것입니다.

이것은 보이고 싶은 마음을 잘 이용하는 것이고 일종의 심리치료 과정이라고 할 수 있습니다. 우리는 사람들에게서 배울 수 있으니까요. 이런 방법은 소셜미디어가 발달하기 전에는 생각도 할 수 없는 일입니다. 그러니 소셜미디어는 그러한 소통이 가능해지는 놀랍고도 계속 확장되는 공간입니다.

그럼에도 불구하고
자신에게 집중할 것

'보이는 것'이 점점 더 중요해지는 현대 사회에서, 우리는 자신을 이해하기보다는 다른 사람에게 어떻게 보이는지에 집중하는 경우가 많습니다. 그러나 이는 새로운 문제가 아니라 오래전부터 존재해온 인간의 본능입니다. 어렸을 때 우리는 타인의 행동, 옷차림, 말투를 따라하며 자신을 형성해나갔습니다. 이런 점에서 시대가 변해도 본질은 크게 달라지지 않는다고 할 수 있습니다.

  예를 들어, 한류 문화를 통해 한국이 세계적으로 주목받는 현상은 이러한 본질을 잘 보여줍니다. 전 세계 사람들은 이제 한국인의 방식을 배우고자 하며, 동시에 한국인도 세계 각국의 문화를 통해 자신을 더 잘 표현할 방법을 고민합니다. 물론 타인을 모방하려다 자신을 잃을 위험은 있습니다. 하지만 이 과정에서 자신만의 독창적인 목소리를 발견할 기회도 무궁무진합니다. 중요한 것은 이러한 모방과 자기 표현 사이의 균형을 유지하는 것입니다.

  진정성을 유지하면서 타인의 인식을 관리하는 것은 누

구나 겪는 고민일 것입니다. 저 역시 이 갈등을 느낀 적이 있습니다. 그런데 제게는 다소 독특한 배경이 있습니다. 저는 소셜미디어가 존재하지 않던 시절에 성인이 되었고, 미국 중부의 작은 도시 오하이오주 털리도Toledo에서 자랐습니다. 당시에는 자신을 꾸미거나 더 나은 사람처럼 보이려고 애쓰지 않아도 되었습니다. 심리적으로 안정된 상태에서 자연스럽게 자신을 표현할 수 있었습니다.

이후 기술이 발전하고 소셜미디어가 등장했을 때, 저는 이미 저 자신에 대한 확고한 믿음을 가지고 있었습니다. 제가 하는 일 외에 다른 모습으로 자신을 드러내고 싶은 욕구나 필요성을 느끼지 않았습니다. 흥미롭게도 사람들이 제 강의를 영상으로 볼 때 제가 그 콘텐츠 제작 방식에 거의 관여하지 않는다는 사실을 모릅니다. 제 역할은 강의를 하고, 촬영 팀은 녹화와 편집, 번역 등을 통해 콘텐츠를 만들어냅니다. 결과적으로 사람들은 저와 상호작용하지만, 저는 그 과정에 깊이 관여하지 않습니다. 저는 그저 저 자신일 뿐입니다.

이런 점에서 저는 제 진정성을 유지할 수 있었습니다. 제 일은 단순히 자신을 드러내는 것이 아니라 사람들에게 가치를 전달하는 것이기 때문입니다. 물론 촬영 팀이나 가까운 사람들이 "이 부분은 편집하는 게 좋겠어요"라며 조언할 때도 있습니다. 하지만 저는 기본적으로 사람들이 저를 어떻게 보는지에 관심을 두지 않습니다. 오히려 저 자신과 제가 전달하려는 메시지에 더 집중합니다. 그것이 제가 하는 일의 본질이지요. 결국 진정성은 우리가 타인의 시선보다 자신의 본질에 충실할 때 유지될 수 있다고 생각합니다.

타인과의 관계에서 자신을 유지하는 것은 자신의 정체성과 본질을 지키기 위해 필수적입니다. 타인의 시선과 기대는 우리를 성장시키는 동력이 될 수 있지만, 과도하게 의식한다면 스스로의 가치를 잃는 결과를 초래할 수 있습니다. 진정성은 외부의 평가보다 자신의 본질에 집중할 때 빛을 발합니다. 건강한 관계는 자기 자신과의 관계에서 출발합니다. 타인과의 연결에서도 자신만의 목소리를 잃지 않는 것이 우리가 진정으로 의미 있는 삶을 살아가는 길입니다.

자신을 이해하는 것은
인생의 문을 여는 열쇠를 갖는 것이다

자신을 알아가는 여정은 결코 쉽지 않습니다. 때때로 고통스럽고, 익숙했던 일상이 흔들릴 수도 있습니다. 하지만 이 과정은 우리에게 진정한 변화를 선물합니다. 그리고 그 변화는 우리의 삶을 더 풍요롭고 긍정적으로 이끌어줄 것입니다. 자신이 누구인지 이해하고 받아들이는 것과, 그렇지 않은 것 사이의 균형을 유지하며 살아가는 것을 저는 '나를 알기 위한 스위트 스팟 안에서 살아가는 것'이라고 부릅니다.

자신을 온전히 이해하고 받아들이는 순간, 우리는 삶의 다양한 가능성을 열어줄 열쇠를 손에 넣게 됩니다. 이는 단순히 개인적인 성장을 넘어, 모든 관계와 경험에 새로운 기회를 가져다줄 것입니다. 그러니 두려움을 내려놓고 이 여정을 시작해보세요. 이미 여러분 앞에는 수많은 문이 기다리고 있습니다. 그 문을 여는 열쇠는 바로 여러분의 손안에 있습니다.

Chapter 3

자신감

Confidence

가장 큰 실패는
시도하지 않는 것이다

지금 당신은 단지
'초안draft'일 뿐이다

이번 장에서는 자신감에 대해 이야기를 해보겠습니다. 자신감은 우리가 세상을 대하는 방식에서 중요한 역할을 합니다. 자신감이란 단순히 용기를 내는 것이 아니라, 어떤 행동의 결과로 나쁜 일이 일어날까 봐 불안해하지 않고 세상을 살아가는 능력입니다. 이를 통해 우리는 다른 사람과 교류하고, 일을 수행하며, 시험을 치르고, 새로운 사람을 만나는 등 다양한 상황에서 주저하지 않고 행동할 수 있습니다.

따라서 자신감의 반대말은 두려움과 불안입니다. '내가 이 일을 잘 해내지 못하면 해고될 거야', '발표를 망치면 사람들이 나를 싫어할 거야' 같은 생각은 우리를 움츠러들게 합니다. 상사나 선생님과의 미팅을 앞두고 긴장하거나 원치 않는 일이 실제로 일어날까 봐 걱정하는 것도 자신감 부족에서 비롯됩니다. 그러나 자신감 있는 사람은 다릅니다. 이들은 미래나 자신의 능력에 대해 지나치게 걱정하지 않으며, 자신이 하는 행동의 결과가 대부분 괜찮을 것이라는 믿음을 가지고 살아갑니다. '나는 충분히 잘 해낼 수 있고, 혹 문제가 발생하더라도 큰일은 아닐 거야'라는 태도를 보이는 경우가 많습니다. 실패는 삶에서 피할 수 없는 것이며, 오히려 실패를 통해 배우고 성장할 기회로 여기지요. 결국 자신감이 있는 사람과 그렇지 않은 사람의 차이는 실패 후에 오는 것을 대하는 태도에 달려 있습니다.

많은 사람이 자신감을 타고나는 성격적 특성으로 여기기도 합니다. 실제로 사람마다 자신감의 수준은 다를 수 있습니다. 일부 사람은 불안과 두려움을 덜 느끼는 성격이나 기질을 타고나 자연스럽게 자신감이 높습니다. 반면 어떤 사람은 자신감을 키우기 위해 의식적으로 노력해야 할 수도 있습니다.

   그렇다면 자신감은 고정된 성질일까요? 아닙니다. 자신감은 시간이 지나면서 성장하고 변화할 수 있는 특성입니다. 사고방식과 행동이 변화하면 자신감도 함께 변화합니다. 단순하지만 아주 중요한 사실입니다. 왜냐하면 자기자신이 긍정적으로 변화할 수 있다고 믿는 것과 그렇지 않은 것은 결과적으로 아주 커다란 차이가 나기 때문입니다. 많은 사람이 자신감 있는 모습을 보이기 위해 '타고난 존재', 혹은 '선택받은 존재'이고 싶어 합니다.

   변화를 위한 노력을 마치 부족하게 타고난 것을 보완하는 행위로 여기는 것이지요. 그런데 이것은 잘못된 것입니다. 타고난 것보다 실패를 받아들이고 다시 도전하는 '노력의 과정'이 더 중요합니다. 이때 필요한 것이 자신의 두려움을 인식하고, 이를 극복하기 위한 실천을 통해 점진적으로 자신감을 키우는 것입니다. 그리고 이 과정에서 체화된 경험은 삶의 다른 모든 측면에 긍정적인 영향을 끼칩니다. 생각해보세요. '지금 부족하지만 연습하면 다 해낼 수 있어' 하는 태도를 가진 사람은 계속해서 점점 더 자신의 삶을 여러 가지 좋은 것으로 채워갈 수 있지 않을까요?

시간이 갈수록 더 성장하는 사람은 바로 이런 태도를 가진 사람입니다. 지금의 당신은 작품이 되어가는 초안일 뿐입니다.

당신이라는 우주는
당신의 생각보다 훨씬 크다

저는 어렸을 때부터 자신감이 있는 편이었습니다. 그러나 시간이 지나면서 경험을 통해 더 확고하고 깊은 자신감을 얻게 되었습니다. 예를 들어, 학창 시절 시험이나 성적 때문에 불안해한 기억은 거의 없습니다. 그렇다고 해서 항상 좋은 성적을 받은 것은 아니었습니다. 때때로 평균 이하의 성적을 받은 적도 있었지요. 하지만 그런 결과가 저 자신을 평가하거나 스스로를 제한하는 기준이 된 적은 한 번도 없었습니다.

많은 사람이 무의식적으로 자신을 제한하는 실수를 합니다. 아무도 "너는 여기까지야"라거나 "너는 C급 인생이야"라고 말하지 않았는데도, 스스로 그렇게 믿어버리는 것이지요. 이렇게 자기 자신에게 한계를 설정하는 일은 가장 큰 함정이 될 수 있으며, 많은 사람이 스스로 한계를 설정한다는 사실조차 모르기도 합니다.

제가 스물한 살이 되어 다시 학생으로 돌아갔을 때, 공부에 대해 이전보다 훨씬 진지하게 접근했습니다. 모든 시험과 과제에서 A를 받기 위해 노력했지만, 그 결과가 기대에 미치지 못하더라도 그것이 제 자신감을 흔들게 두지 않았습니다. 오히려 부정적인 피드백조차 저를 성장시키는 기회로 삼았습니다. 예를 들어, 누군가 "너는 공부를 덜 했어", "글솜씨가 형편없구나"라고 말하면, 그것을 단순한 사실로 받아들이고 다음에 더 나아질 방법을 찾는 계기로 삼았습니다.

이러한 태도는 제가 새로운 도전을 두려워하지 않게 해준 원동력이었습니다. 새로운 취미를 시작할 때도 마찬가지였습니다. 예를 들어, 제가 드럼을 배우기 시작했을 때, 처음부터 뛰어난 실력을 기대하지 않았습니다. 대신 시간을 두고 연습하면 발전할 것이라는 믿음을 가지고 즐겁게 몰입했지요.

이와 같은 접근법은 제 발표와 강연에서도 똑같이 적용

되었습니다. 처음으로 60명의 학생 앞에 섰을 때 약간 긴장을 느꼈지만, 그것이 두려움으로 이어지지는 않았습니다. 시간이 지나 강의를 반복하면서 이러한 긴장감은 점점 줄어들었고, 대규모 청중 앞에서도 침착함을 유지할 수 있었습니다. 그 과정에서 저는 자신감이 더 이상 외적인 모습이나 연기가 아니라, 제 안에 깊이 자리 잡은 본질적인 일부가 되었다는 것을 깨달았습니다.

자신감은 결코 외부에서 오는 것이 아닙니다. 자신감은 스스로에 대한 믿음에서 출발합니다. 자신을 제한하거나 부정적인 틀에 가두는 일은 스스로의 가능성을 차단하는 행위입니다. 오히려 스스로를 믿고 도전을 즐길 때, 우리는 성장할 수 있는 여지를 만듭니다. 여러분의 가능성은 스스로 믿는 만큼 무한히 확장될 수 있습니다. 그러니 자책하지 마십시오. 자책은 당신이라는 우주의 한계선을 긋는 행동입니다.

실패를 걱정하기보다
시도하지 않음을 걱정하라

자신감을 키우는 데 반복과 연습은 필수적입니다. 무대에서 발표를 하든, 팀을 이끌든, 카푸치노를 만드는 법을 배우든 실제로 경험하는 것이 중요합니다. 단순히 상상하거나 계획하는 것만으로는 충분하지 않습니다. 수백 번, 수천 번 반복하다 보면 점점 더 자연스러워지고 결국 자신의 일부가 되지요. 예를 들어 제가 한국에서 강연할 때 강연자로 소개받고 무대에 올라가는 순간, 몇 초 동안 무슨 이야기를 해야 하는지 완전히 잊어버리는 때가 있습니다. 무대에 오르면 순간적으로 아무 생각도 나지 않을 때가 있습니다. 하지만 머릿속이 리셋된 것처럼 느껴지다가도, 곧 모든 것이 명확해지고 자연스럽게 흐릅니다. 이런 능력은 수천 번의 연습과 경험에서 나온 것입니다.

자신감이 부족할 때 우리는 자연스럽게 두려움을 느낍니다. 하지만 그 두려움을 직면하고 행동으로 옮길 때 자신감은 점차 커집니다. 처음에는 연기처럼 느껴질지 몰라도, 반복적으로 행동하면서 점점 더 자신감 있는 모습으로 변화합니다. 그렇게 두려움을 극복하고 행동에 집중하면 자신감은 우리의 본질이 됩니다. 강연뿐 아니라 다른 사람 앞에서 말하기 어려워하던 학생도 반복적인 경험을 통해 자신감을 키운 사례가 많습니다. 처음에는 수줍어하고 불안해하던 학생이 점차 자신감 있는 모습으로 변화하는 것을 볼 수 있었습니다. 이는 단순히 시간을 보내는 것이 아니라, 반복적인 시도를 통해 가능한 변화입니다. 많은 사람이 자신감이란 무언가를 100% 확신하는 상태라고 생각하지만, 실제로 자신감은 일상적인 작은 행동에서도 드러납니다. 예를 들어, 칫솔에 치약을 짜거나 물을 흘리지 않고 마시는 것과 같은 단순한 행동도 자신감의 한 형태입니다. 이런 사소한 행동은 매일 반복적으로 시도해왔기 때문에 자연스럽게 자신감 있게 수행할 수 있습니다.

이처럼 인생은 '성공'과 '실패'의 이분법으로 이루어진 것이 아니라, '시도'와 '변화'라는 역동성으로 이루어져 있습니다. 그러니 도달하고자 하는 목표가 있다면 실패를 걱정할 것이 아니라 시도하지 않음을 걱정해야 합니다.

작은 행복도 행복이고
작은 성공도 성공이다

자신감을 키우는 데는 여러 방법이 있는데 시도해볼 만한 몇 가지 방법을 소개합니다. 오랜 시간 강의하면서 긍정적으로 변화하는 학생들을 관찰하고 얻은 결론이지요.

자신만의 기준 세우기

자신감을 키우는 첫 단계는 자신만의 기준 세우기입니다. 자신감을 키우려면 시선을 더 자기 자신 쪽으로 돌려야 합니다. 자기 자신을 있는 그대로 받아들이는 게 중요하지요. 타인의 시선으로 자신을 순위 매기기 전에, '어제의 나' 혹은 '내가 바라는 나'에 포커스를 맞춰보세요. 남들이 정해놓은 것이 아니라 스스로의 원칙이나 기준을 세우라는 말입니다. 타인의 평가가 아니라, 자신의 기준을 세우는 연습을 통해 자신감을 키울 수 있습니다. "내가 최선을 다했는가?"라는 질문에 스스로 긍정적인 답을 할 수 있다면, 그것이 자신감을 키우는 출발점이 됩니다.

작은 성공을 경험하기

　자신감은 거창한 목표를 이루는 데서 시작되지 않습니다. 오히려 일상적인 작은 변화에서 비롯됩니다. 매일 반복되는 사소한 행동에서 자신감을 발견해보세요. 이를테면, 아침에 스스로 정한 시간에 일어나기, 사소한 약속을 지키기, 혹은 새로운 일을 시도해보기처럼 작고 간단한 행동 말입니다.

　큰 도전은 종종 부담스럽게 느껴지지만, 그 도전을 작은 단계로 나누어 접근하면 더 이상 두려운 대상이 되지 않습니다. 한 번에 전부를 해내려고 하지 말고, 할 수 있는 것부터 하나씩 해결해보세요. 그렇게 할 때, 점진적으로 자신감이 쌓이는 것을 느끼게 될 것입니다.

타인의 시선 이용하기

　한국 사회는 공동체 안에서 조화를 중시하며, 자연스럽게 자신이 남에게 어떻게 보이는지에 큰 관심을 가집니다. 이는 많은 사람에게 부담이나 스트레스로 작용할 수 있지만, 반드시 부정적으로만 작용하는 것은 아닙니다. 오히려 이를 자신감을 키우는 자양분으로 활용할 수도 있습니다. 먼저 타인의 긍정적인 시선을 단순한 평가로 받아들이는 것이 아니라, 목표를 달성했을 때 얻을 수 있는 보상으로 생각해보세요. 예를 들어, 중요한 프로젝트를 성공적으로 마쳤을 때, 동료나 상사에게서 받는 칭찬과 인정을 자신감의 한 요소로 삼는 것입니다.

중요한 점은 이 과정에서 자신의 기준을 명확히 세우는 것입니다. 타인의 시선을 활용하되, 거기에 매몰되지 않도록 균형을 유지해야 합니다. 타인의 시선은 자신감을 키우는 데 도움이 되는 하나의 도구일 뿐, 그것이 자신의 모든 것을 규정하도록 내버려두어서는 안 됩니다.

이 접근법은 단순히 자신감만 키워주는 것이 아닙니다. 이를 잘 활용하면 자신을 둘러싼 공동체와의 관계를 더욱 긍정적으로 변화시킬 수 있고, 동시에 자기 자신과의 관계도 개선할 수 있습니다. 타인의 시선이라는 외부의 자극을 자신감이라는 내적인 성장 에너지로 전환하는 것, 이것이야말로 조화로운 공동체 안에서 살아가며 자신감을 키우는 방법입니다.

실패를 전제하기

어쩌면 가장 중요한 방법일지도 모릅니다. 바로 당신이 어떤 시도를 하든 실패할 수도 있다는 것을 늘 마음속에 두는 것입니다. 이것만으로도 두려움을 줄일 수 있습니다. 여러분이 취하는 모든 행동의 결과로 많은 긍정적인 일이 일어날 것입니다. 하지만 같은 행동으로 인해 부정적인 일도 많이 일어날 것입니다. 이것이 바로 인생이 돌아가는 방식입니다. 이때마다 실패를 경험할 것이고 그때마다 좌절한다면 얻을 수 있는 것이 없습니다. 따라서 조금 두렵더라도 새로운 것을 시도해야 성공할 수 있습니다.

돌아보면 제 인생에서도 성공을 통해서 배운 것은 많지 않습니다. 여러분도 마찬가지입니다. 실패하고 나서 다시 생각하는 과정을 통해 우리 인생에 필요한 대부분을 배우는 것이지요. 그러니 무언가를 시작하기 전에 너무 두려워하지 마세요.

자존감, 자신감
그리고 한국이라는 나라

자신감과 관련해 이야기하다 보면 따라오는 키워드가 있습니다. 바로 '자존감'입니다. 자신감과 자존감은 서로 밀접하게 연결되어 있습니다. 자신감이 성장하면 자존감도 함께 성장하고, 자존감이 높아지면 자신감도 강해집니다. 자신감이 행동의 결과에 두려움을 느끼지 않는 상태라면, 자존감은 그 행동의 결과와 상관없이 자신을 긍정적으로 바라보는 능력입니다. 자존감은 자신에 대한 내적인 평가로, 우리가 실패하거나 기대에 미치지 못했을 때 스스로를 어떻게 바라보는가와 관련이 있습니다. 실패했을 때 자신을 무능한 사람으로 느끼고 수치심을 느낀다면, 이는 자존감이 낮다는 신호일 수 있습니다. 반대로 실패했는데도 자신에 대해 긍정적인 감정을 유지한다면 자존감이 높은 것입니다.

한국에서는 자존감에 대한 논의가 활발히 이루어지고 있습니다. 저는 그 이유가 공동체 지향적인 문화와 관련이 있다고 생각합니다. 한국 같은 공동체 중심의 사회에서는 다른 사람의 평가가 개인의 자존감에 큰 영향을 미칩니다. 이는 개인의 행동이 공동체에 미치는 영향을 중시하는 문화적 특성 때문입니다.

한국 사회에서는 개인의 행동이 주변 사람에게 어떻게 보이는지가 중요하며, 이는 종종 자존감의 기준으로 작용합니다. 반면 미국 같은 개인주의적 문화에서는 개인의 자존감이 주로 자신에 대한 내적인 평가에 따라 결정됩니다. 타인의 비판이나 평가가 자존감에 영향을 미치더라도, 그것이 개인의 전반적인 자존감을 흔드는 경우는 드뭅니다. 미국에서는 '나는 최선을 다했으니 괜찮다'는 태도가 일반적입니다. 한국에서도 마찬가지이긴 하지만 동시에 '내 행동이 공동체에 어떤 영향을 미쳤는가?' 같은 또 다른 중요한 질문도 던집니다.

이런 문화는 공동체의 질을 높이고 갈등을 최소화하는 데 기여합니다. 미국 같은 개인주의적 문화에서는 자유가 중요시되지만, 이는 때때로 공동체 내 갈등을 야기할 수 있습니다. 예를 들어, 지하철에서 소음을 유발하거나 타인을 배려하지 않는 행동이 더 자주 나타납니다. 반면, 한국에서는 이러한 행동이 드물며, 이는 조화와 배려를 중시하는 문화적 가치 덕분입니다. 결과적으로 더 평화로운 사회 환경을 만드는 데 기여합니다. 다만 개인의 시선이 자기 안으로 향하기보다 지나치게 외부를 의식하는 경향이 있습니다.

수업을 하다 보면 한국 학생은 대개 수업 태도도 좋고, 성적도 좋은 편입니다. 성실하고 여러 재능이 있지요. 그런데도 학생에게 자신을 평가하라고 하면 타인의 시선을 의식해 겸손하게 말합니다. 이건 미덕이 될 수도 있지만 지나치면 자신을 깎아내리게 됩니다.

우리 모두는 이미
스스로 자랑할 만한 일을 하고 있다

한 강의에서 서양 학생과 한국 학생에게 성적에 대해 어떻게 생각하는지 물어본 적이 있습니다. 두 그룹의 성적은 비슷하거나, 한국 학생이 더 높았을 수도 있습니다. 그런데도 답변은 놀라울 정도로 달랐습니다. 한국 학생은 대부분 "보통이에요"라고 말한 반면, 서양 학생은 "잘하고 있어요"라고 자신 있게 답했습니다.

이 상황을 직장인의 관점에서 생각해봅시다. 여러분은 매일 일하면서 작은 문제들을 해결하고, 동료와 협력하며, 주어진 과제를 꾸준히 해내고 있습니다. 그런데 상사가 "요즘 일 잘하고 있나요?"라고 물어보면 어떻게 답하시겠어요? 많은 분이 "그냥 열심히 하고 있습니다"라거나 "아직 부족한 점이 많습니다"라고 말할 겁니다. 반면, 다른 문화권에서는 같은 질문에 "네, 저는 제 일을 잘 해내고 있습니다"라고 긍정적으로 답하는 경우가 더 많고, "아직 부족해서 개선할 점이 많습니다"라는 답은 많지 않을 것입니다.

이 차이는 어디에서 비롯될까요? 아마도 한국 문화가 강조하는 겸손함, 그리고 완벽하지 않으면 부족하다고 느끼는 강한 책임감에서 기인할 겁니다. 하지만 가만히 생각해보면, 자랑스러워할 이유는 아주 많습니다. 예를 들어, 여러분이 마감 기한을 지킨 프로젝트, 어려움을 겪는 동료를 도와준 순간, 회의에서 건설적인 의견을 제시한 일을 떠올려보세요. 이런 순간들이 모여 여러분을 지금의 자리로 이끈 것입니다.

특히 직장에서는 완벽하지 않더라도 매일 조금씩 나아

지는 자신을 인정하는 것이 중요합니다. 예를 들어, 처음 맡은 업무에서 시행착오를 겪었지만 지금은 능숙하게 처리한다면, 그것은 분명 자랑스러운 성취입니다. 또는 새로운 기술을 배우고 그것을 팀원들과 공유했다면, 이미 여러분은 조직에 긍정적인 영향을 미치고 있는 것입니다.

우리는 흔히 스스로를 지나치게 비판적으로 바라보는 경향이 있습니다. 그러나 '보통'이라고 스스로를 평가하기 전에, 이미 해내고 있는 성과들을 되짚어보세요. 자신이 잘하고 있는 점을 인식하고 인정할 때, 자신감이 생기고 더 큰 도전으로 나아갈 힘이 생깁니다. 자존감은 그 안에서 자라납니다. 여러분은 이미 스스로를 자랑스러워할 만한 일을 하고 있습니다.

한국을 넘어
세계로 향하려는 여러분에게

얼마 전 서울에서 열린 콘퍼런스에서 마이크 킴이라는 한국계 연사의 강연을 들을 기회가 있었습니다. 그는 구글에서 일하는데, 정말 대단한 사람입니다. 강연 내내 그의 이야기에 완전히 빠져들었고, 한편으로는 이런 생각이 들더군요. '나도 저 사람처럼 되고 싶다.' 그의 자신감, 그리고 그 자신감을 뒷받침하는 실력과 경험은 정말 인상적이었습니다. 단순히 화려한 경력을 자랑하는 것이 아니라, 자신의 이야기를 통해 사람들에게 영감을 주고, 동시에 공감을 이끌어내는 능력이 놀라웠습니다.

이처럼 많은 한국계 사람이 세계를 무대로 활동하고 있습니다. 그리고 세계는 한국을 주목하고 있습니다. 이제 다른 문화권의 사람과 경쟁이나 협업을 하는 것이 드문 현상이 아닙니다. 여러분도 마이크 킴처럼 자신을 드러내면서 세계무대를 종횡무진할 수 있습니다. 그러려면 한국과 다른 문화권의 차이를 알아두는 것이 도움이 됩니다.

앞서 말했듯이 한국 문화에서는 자신의 긍정적인 면을 너무 드러내거나 자랑스러워하는 태도를 피하려는 경향이 있습니다. 이는 타인에게 동조하고 조화를 이루며 상대를 인정하고 격려하려는 의지와 연결됩니다. 모두가 자신을 지나치게 드러낸다면 상호작용의 조화가 깨질 위험이 있다고 보기 때문입니다.

반면, 서양, 특히 미국에서는 자신의 긍정적인 면을 드러내는 것이 상호작용을 더 풍부하고 조화롭게 만든다고 믿습니다. 이는 자신감을 표현하는 방식으로 받아들여지고, 자연스럽게 관계 형성의 기반이 됩니다. 만약 한국인이 자신의 이야기를 하지 않고 타인의 말에만 집중한다면, 서양에서는 그것이 자신감 부족으로 인식될 수 있습니다. 한국에서는 이를 배려와 참여의 방식으로 보지만, 서양에서는 '이 사람은 자신을 믿지 못하거나 능력이 부족한가?'라는 인상을 줄 수도 있다는 점이 흥미롭습니다.

글로벌 환경에서 한국인에게 중요한 점은 이러한 문화적 차이를 이해하고 균형을 찾는 것입니다. 문화와 문화 사이의 스위트 스팟을 찾아내는 것이지요. 자신에 대해 긍정적으로 말하는 서양인이 반드시 더 유능하지는 않으며, 이는 단지 자신감을 표현하는 방식의 차이일 뿐입니다. 이 사실을 이해하면 자신에 대해 조금 더 개방적으로 이야기하는 연습을 통해 타인과의 관계를 더욱 풍요롭게 만들 수 있습니다.

예를 들어, 서양인은 이렇게 말할 것입니다. "당신이 자신에 대해 이야기해야 내가 당신을 알 수 있어요. 그리고 당신의 자랑스러운 점이나 흥미로운 이야기를 듣고 싶어요." 그런 대화를 통해 한국인은 자신감 있는 모습을 보여줄 수 있고, 상대방에게 긍정적인 인상을 줄 수 있습니다. 이는 단순히 자신의 이야기를 드러내는 것을 넘어, 한국인의 겸손함과 조화를 유지하면서도 글로벌 환경에서 효과적으로 소통하는 방법이 될 수 있습니다. 중요한 것은 자신을 알리는 방식과 겸손 사이에서 균형을 찾는 것입니다. 이것 역시 스위트 스팟이지요. 그렇게 할 때 우리는 각기 다른 문화적 배경을 가진 사람들과 더욱 깊고 풍부한 관계를 형성할 수 있습니다. 그렇다면 어떻게 하면 이러한 차이를 조화롭게 극복할 수 있을까요?

첫째, 자신에 대해 긍정적으로 이야기하는 연습을 해보세요. 자신의 성취나 자랑스러운 점을 자연스럽게 공유하면서도 겸손함을 유지할 수 있습니다. 예를 들어, "제가 맡은 프로젝트에서 이런 성과를 낸 건 팀에서 협력해주었기 때문입니다"처럼 자신을 드러내면서도 다른 사람을 존중하는 방식으로 표현할 수 있습니다.

둘째, 타인의 이야기에 귀 기울이는 한국인의 강점은 그대로 유지하면서, 그와 함께 자신의 이야기도 추가해보세요. 이는 상대방에게 '이 사람은 자신감도 있고, 동시에 내 이야기도 들어주는 배려심이 있다'는 긍정적인 인상을 줄 수 있습니다.

마지막으로, 글로벌 환경에서 활동하며 경험하는 차이를 부담으로 느끼지 말고, 자신만의 방식으로 표현하는 법을 찾아보세요. 자신에 대해 이야기하는 것이 교만함이 아니라 상대방에게 자신을 이해할 기회를 주는 행동이라는 점을 기억하세요.

자신감과 겸손은 대립하는 것이 아니라 조화를 이루는 요소입니다. 이 두 가지를 적절히 활용할 때, 문화적 차이를 넘어 더 풍부한 상호작용과 관계를 형성할 수 있습니다.

이런 이야기들이 어쩌면 대단한 이야기가 아닌 것처럼 들릴 수 있습니다. 누구나 생각할 수 있는 이야기로 생각할 수 있지요. 어떤 생각이나 말을 마음에 두고 있는 것과 그렇지 않은 것은 분명한 차이가 있습니다. 부디 제 팁들이 여러분이 가는 길에 도움이 되기를 바랍니다.

우리가 마주한 것이
거대한 숲일지라도

이번에는 자신감이라는 키워드로 시작해 한국에서 많이 회자되는 자존감 그리고 외국으로 나아가는 여러분에게 드리고 싶은 이야기를 해봤습니다.

마지막으로 제가 하고 싶은 말은 인생을 너무 길게 보지 말라는 것입니다. 살다 보면 머릿속에 물음표가 너무 많이 그려질 때가 있습니다. 하나부터 열까지 답이 보이지 않지요. 그럴 때 우리가 할 수 있는 일은 그저 한 걸음씩 나아가는 것뿐입니다. 전체 여정을 한눈에 그리려 하거나 끝까지 가겠다는 생각으로 스스로를 압박하지 마세요. 지금 당장 할 수 있는 작은 발걸음부터 시작하세요.

지금 서 있는 자리에서 보면, 우리가 마주한 것은 그저 거대한 숲처럼 보일지도 모릅니다. 처음에는 그 숲의 끝이 금방이라도 보일 것 같아서 용기 내어 걸음을 내딛어보지요. 그러나 숲에 발을 들여놓는 순간, 예상치 못한 방향으로 길이 꺾이기 시작합니다. 오른쪽으로도 가고, 왼쪽으로도 돌아서고, 때때로 길이 없는 것처럼 느껴지기도 하지요. 그러다 보면 결국 우리가 상상하던 곳과는 전혀 다른 곳에 다다르게 됩니다. 이것이 삶의 여정입니다. 우리가 아무리 계획하고 준비한다고 해도, 앞날을 완벽히 예상할 수는 없습니다. 하지만 그게 꼭 나쁜 것일까요? 오히려 그 불확실성이야말로 삶을 흥미롭게 만드는 요소일지도 모릅니다.

그러니 걱정하지 마세요. 그리고 무엇보다 중요한 것은, 그만두지 않는 것입니다. 그만둔다면, 그 모든 노력과 가능성이 멈춰버리고 말 테니까요. 비록 길이 보이지 않더라도 한 걸음, 또 한 걸음을 내딛어보세요. 그렇게 계속 나아가다 보면, 언젠가 그 과정 자체가 얼마나 흥미로운 여정이었는지 깨닫게 될 것입니다. 중요한 건 끝이 아니라, 그 여정을 걷는 당신의 발걸음입니다. 마지막으로 인생이라는 숲을 걷는 여러분에게 이런 말을 건네고 싶습니다.

삶을 살아내다 보면 늘 예상하지 못한 방향으로 나아가게 됩니다. 그러나 걱정하지 말고 한 걸음씩 내딛으세요. 너무 커다란 목표보다 눈앞의 목표에 자신감 있게 다가서세요. 포기하지 않으면 반드시 당신이 원하는 곳에 다다를 것입니다.

Chapter 4

편견
Breaking Biases

우리는 모두
우상파괴자가 되어야 한다

우리의 생각은
벽으로 둘러싸여 있다

이번에는 질문으로 이야기를 시작해보겠습니다. "우리가 정말로 세상을 제대로 보고 있을까요?" 생각해보세요. 우리는 매일 엄청난 양의 정보를 접하며 살아갑니다. 누군가를 처음 만날 때, 뉴스를 시청할 때, 심지어 단순히 거리를 걷는 동안에도 우리는 끊임없이 세상을 판단하고 해석합니다. 그런데, 그런 과정에서 우리가 만든 어떤 벽에 갇혀버린 적은 없었나요? 잠시 머릿속으로 그림을 그려봅시다.

'일본인은 조용하다', '미국인은 개방적이다', '한국인은 예의 바르다' 이런 이미지는 과연 어디서 왔을까요? 그리고 만약 누군가 나에게 "한국인은 이럴 거야"라고 말한다면, 그 사람이 나를 진정으로 이해한다고 할 수 있을까요? 아니면 그 또한 자신의 벽 안에서 나를 보는 것일까요?

이처럼 우리는 모두 이런 '벽'을 가지고 있습니다. 고정관념이라는 이름의 벽이지요. 이 벽은 때때로 우리를 보호하기도 하고, 세상을 더 쉽게 이해하도록 돕기도 합니다. 하지만 동시에 이 벽은 우리가 더 넓고 깊은 세상을 보지 못하도록 막아버리기도 합니다. 이번 장에서는 그 벽에 대해 이야기하려고 합니다. 우리의 시야를 가로막는 고정관념의 벽, 그리고 그 벽을 허물기 위해 무엇을 할 수 있는지 함께 탐구해보겠습니다.

먼저, 고정관념이란 무엇일까요? 이를 이해하기 위해 사회학의 가장 기본적인 관점부터 살펴보겠습니다. 앞에서 말했듯이 우리의 두뇌는 매 순간 엄청난 양의 정보와 데이터를 처리합니다. 세상을 살아가기 위해서는 이러한 정보를 단순히 받아들이는 것을 넘어 체계적으로 정리하고 이해하는 구조를 만들어야 하지요. 그렇지 않으면, 머릿속은 뒤죽박죽 엉킨 정보들로 가득 차 우리의 사고를 방해하게 됩니다. 이 정보를 정리하는 과정은 매우 빠르게 이루어져야 합니다. 때때로 서로 연관성이 없어 보이는 변수나 사건을 신속히 연결 지어야 할 때도 있지요. 이러한 과정에서 우리는 자연스럽게 일반화를 하게 됩니다. 특정 데이터 그룹이나 사람에 대해 특정한 이미지를 떠올리는 것이지요. 사회학적으로 말하면, 인간에 대한 이런 일반화를 '고정관념'이라고 부릅니다.

그렇다면 고정관념은 항상 부정적인 걸까요? 그렇지 않습니다. 고정관념은 우리가 복잡한 현실을 좀 더 쉽게 이해하고 정리할 수 있도록 도와주는 하나의 도구입니다. 예를 들어, 특정 집단에 대한 고정관념이 있으면 그 집단과 처음 마주할 때 생길 수 있는 혼란을 줄여주는 역할을 하기도 합니다. 이처럼 고정관념은 정보를 분류하고, 이해하며, 판단하는 데 중요한 역할을 합니다.

하지만 문제는 여기서 끝나지 않습니다. 고정관념이 모든 경우에 정확하지 않기 때문에, 때때로 왜곡된 시각을 낳거나 잘못된 생각을 강화하는 결과를 초래할 수 있습니다. 따라서 고정관념 자체를 이해하는 것도 중요하지만, 그것이 우리의 사고와 행동에 미치는 영향을 비판적으로 성찰하는 태도 역시 필수적입니다.

모든 사회 집단은 다른 집단을 바라볼 때 주요 특성을 일반화하거나 평균화하는 경향이 있습니다. 이는 단순히 문화적 차이에 국한된 문제가 아닙니다. 우리가 사회 속에서 서로 상호작용하며 살아가는 과정에서 필연적으로 형성되는 것입니다.

더 나아가 고정관념은 주변 사람들에게서 자연스럽게 학습됩니다. 시간이 흐르면서 우리의 사고 체계에 내재화되고, 이를 통해 사회적 관계를 형성하거나 유지하게 됩니다. 예를 들어, 한국인이 일본인, 미국인, 인도인, 혹은 베트남인에 대해 특정한 고정관념을 가지고 있다는 점을 떠올려보세요. 물론 개인의 생각은 다를 수 있지만, 대체로 한국인이 공유하는 특정 집단에 대한 이미지가 존재합니다. 마찬가지로, 일본인이나 미국인, 다른 나라 사람들 역시 한국인에 대해 자신들만의 고정관념이 있을 것입니다.

고정관념은 긍정적인 면과 부정적인 면을 모두 포함할 수 있습니다. 특정 집단에 대한 이해가 그들과의 연결을 더 쉽게 만들어주는 한편, 편견과 오해를 낳아 차별을 정당화하는 도구로 사용될 위험성도 있습니다.

따라서 고정관념을 활용하되, 항상 비판적 태도를 견지해야 합니다. 이를 통해 더 공정하고 열린 사고를 실천하고, 다양한 관점에서 세상을 바라보는 능력을 키울 수 있습니다. 저의 이야기가 여러분이 가진 고정관념을 돌아보고, 이를 통해 더 넓은 사고의 문을 여는 계기가 되기를 바랍니다.

한국은 당신의 생각보다
더 복잡하다

이번에는 제가 한국에서 느낀 복잡한 문화적 특성에 대해 이야기해보려 합니다. 제가 처음 한국에 발을 딛기 전까지, 한국 문화에 대해 어떤 고정관념을 가지고 있었는지 생각해볼 때가 있습니다. 아마도 많은 분과 마찬가지로, 저 역시 한국을 한정적인 시각으로 바라보았습니다. 그러나 한국 사회에 직접 들어가 보면서, 저는 이곳이 얼마나 놀랍도록 독특한 문화가 있는지 깨닫게 되었습니다.

한국 사회에서 가장 인상 깊은 점 중 하나는 바로 그들이 보여주는 문화적 고립성입니다. 여기서 고립성이라는 표현은 결코 부정적인 의미가 아닙니다. 오히려 이는 한국인이 자신들의 문화를 얼마나 깊이 사랑하고, 그것에 몰두하며, 자부심을 느끼는지 보여주는 증거입니다. 한국은 독특한 문화 시스템이 있습니다. 한국 음식, 드라마, 음악, 그리고 스포츠팀까지, 한국인은 자신들의 문화를 생활 전반에서 사랑합니다.

예를 들어볼까요? 한국의 야구에 대한 열정은 정말 놀라울 정도입니다. 물론 한국인은 미국 메이저리그 야구도 좋아합니다. 그러나 대개 한국 선수가 경기에 출전할 때 더 큰 관심을 보이지요. 또 서울 같은 세계적인 대도시에서도 전 세계의 음식을 대표하는 레스토랑이 상대적으로 적다는 점은 저에게 또 다른 흥미로운 관찰 포인트였습니다. 이는 한국 문화가 얼마나 일상 속에 뿌리 깊이 자리 잡고 있는지 보여줍니다.

한국 문화에 대한 애정은 단순한 애국심에서 비롯된 것이 아닙니다. 그것은 생활 곳곳에 자연스럽게 녹아들어 있는 한국 문화에 대한 깊은 애정과 연결되어 있습니다. 저는 여러 나라를 여행하며 외국 문화가 그 나라의 일상에 자연스럽게 녹아드는 모습을 자주 보았습니다. 그러나 한국은 달랐습니다. 한국인에게는 자신들만의 문화적 중심축이 확고히 자리 잡고 있었고, 그 중심에서 한류라는 거대한 흐름이 뻗어나가는 모습은 정말 인상적이었습니다.

제가 특히 흥미롭게 느낀 점은, 한국 문화가 단순히 국제적인 유행을 넘어 한국인의 정체성과 일상을 형성한다는 사실입니다. 이는 사회학자로서 제가 깊이 관심을 갖는 부분 중 하나이기도 합니다. 한국인은 자국 문화를 단순히 좋아하는 데 그치지 않고, 그것을 일종의 생활 방식으로 체화하고 있습니다.

한국에 오기 전에 저는 일본을 여행하고 도쿄에서 시간을 보낸 적이 있습니다. 일본의 독특한 문화와 세계관을 접하면서 동아시아 문화권 전반에 대한 기대를 품게 되었지요. 이 때문에 한국에서의 경험이 그다지 충격적이지는 않았지만, 한국만의 독특함은 저에게 무척 흥미로웠습니다. 특히 '빨리빨리' 문화와 공공의 일상에서 느껴지는 차분함 사이의 간극은 저에게 큰 수수께끼였습니다. 한국인은 효율성과 속도를 강조하는 동시에, 공공장소에서는 놀랄 만큼 질서 정연하고 차분한 모습을 보입니다. 이 두 가지 특성이 어떻게 공존할 수 있는지 여전히 궁금합니다.

또 다른 흥미로운 점은 한국인이 스스로를 매우 열정적인 사람으로 생각한다는 것입니다. 한국인의 열정은 다양한 방식으로 표현되지만, 제가 다른 문화권에서 경험한 열정과는 사뭇 다릅니다. 예를 들어, 콜롬비아나 라틴아메리카 문화권에서 볼 수 있는 열정은 외향적으로 드러나는 경향이 있는 반면, 한국인의 열정은 더욱 내면화되고 사적인 공간에서 더 잘 나타나는 경향이 있는 듯합니다.

결론적으로, 한국에서의 경험은 제가 기존에 가지고 있던 선입견을 끊임없이 재구성하고 확장하게 해주었습니다. 한국 사회의 독특함과 깊이를 이해하는 데는 시간이 걸렸지만, 이는 저에게 큰 배움의 기회이자 새로운 시각을 열어주는 과정이었습니다. 이런 문화적 발견들이야말로 한국에서 보낸 시간을 특별하게 해주는 요소이며, 저의 시야를 넓혀주는 계기가 되었습니다. 저는 이러한 경험을 제 학생들에게 전하며, 그들 또한 열린 마음으로 새로운 문화를 받아들이도록 도우려고 노력합니다.

벽을 눕히면
다리가 된다

펜실베이니아 주립대와 건국대 학생들이 한자리에 모여 서로의 고정관념을 나누고 토론한 그 순간 역시 이런 노력 중 하나이지요. 두 나라 학생들이 각자의 첫인상을 공유하며 대화를 시작했을 때, 우리는 문화적 차이와 고정관념이 어떤 식으로 작동하는지 생생히 체험할 수 있었습니다.

그날 저는 학생들에게 각자 다른 문화에 대해 가지고 있는 첫인상을 솔직하게 말해보라고 요청했습니다. 미국 학생은 한국인을 수줍음 많고 내성적이라고 생각했고, 반대로 한국 학생은 미국인을 외향적이고 시끄러운 사람으로 여겼지요. 이러한 첫인상은 단순한 편견처럼 들릴 수 있지만, 이는 우리가 서로에 대해 가진 정보와 경험이 제한적일 때 자연스럽게 생겨나는 것입니다. 특히 흥미로운 점은 학생들이 수업 중 누가 먼저 발언할지 예상했을 때 나타난 공통된 의견이었습니다. 미국 학생은 자신들이 먼저 발언할 것이라고 예상했고, 한국 학생은 자신들이 여러 번 요청받아야만 말할 것이라고 생각했지요. 그리고 실제로도 그날 토론에서 가장 먼저 손을 든 쪽은 미국 학생이었습니다. 이런 모습은 제가 수업에서 자주 목격한 장면으로, 미국 학생은 자신의 의견을 적극적으로 표현하려는 경향이 있었고, 한국 학생은 좀 더 신중하게 자신의 자리를 찾으려 했습니다.

그러나 시간이 지나면서 놀라운 변화가 나타났습니다. 며칠 동안 함께 수업을 진행하며 한국 학생 중에서도 외향적인 성격의 이들이 적극적으로 대화에 참여하기 시작한 것이지요. 이러한 변화는 학생들에게 서로의 고정관념이 얼마나 불완전하고 단순한지 깨닫게 하는 중요한 순간이었습니다.

고정관념은 이처럼 우리가 어떤 사물이나 사람에 대해 가지고 있는 단순하고 불완전한 의견에 불과합니다. 사람에 관한 것뿐만 아니라, 단지 어떤 과일의 모양을 보고 맛이 없을 것이라고 판단하는 것도 하나의 고정관념일 수 있지요. 중요한 것은 세상이 복잡하고, 우리 모두는 이를 단순화하려는 경향이 있다는 것입니다.

이러한 고정관념을 깨는 가장 효과적인 방법은 무엇일까요? 바로 우리가 평가하는 대상과 직접적인 경험을 쌓고 그것에 대해 복잡하게 사고하는 것입니다. 이는 사회학적으로도 매우 중요한 과정입니다. 제가 펜실베이니아 주립대와 건국대 학생들을 함께 모아 수업을 진행한 이유도 바로 여기에 있습니다. 학생들이 서로를 이해하고, 자신의 한정된 시각을 확장할 기회를 주고 싶었습니다. 이 수업에서 우리는 고정관념이 단순히 사고의 틀에 불과하다는 사실을 깨달았습니다. 그것은 우리가 복잡한 세상을 이해하려는 과정에서 생긴 자연스러운 도구이지만, 동시에 사고의 벽을 형성해 우리의 시야를 제한합니다.

이 벽을 깨기 위해 필요한 것은 더 높은 차원으로 시야를 확장하는 것입니다. 벽보다 높은 곳에서 바라보면 벽 너머의 세계도 보이지요. 이를 위해서는 자신이 가진 믿음을 의심하며, 다양한 각도로 생각해야 합니다. 이때 필요한 것이 교류입니다. 앞의 공개수업처럼 말이지요. 개인의 인생에서는 이런 수업을 경험하기 어려울 수도 있지만 괜찮습니다. 경청하는 자세가 되어 있다면 평범한 교류에서도 더 넓은 시야를 배울 수 있습니다. 누구나 아는 이야기지만 벽을 눕히면 다리가 됩니다. 자기 사고의 한계라는 벽을 타인에게로 눕혀보세요. 새로운 장이 열릴 것입니다.

편견을 넘으면
교류의 장이 보인다

이제 고정관념과 함께 다뤄야 할 또 다른 중요한 개념, '편견'에 대해 이야기해보겠습니다. 편견은 고정관념의 부정적인 형태라고 볼 수 있습니다. 그것은 어떤 사람이나 사물을 충분히 이해하지 못한 상태에서 부정적인 판단을 내리는 것을 의미합니다. 여러분이 경험하지 않은 것을 이상하거나 잘못되었다고 생각하는 경우, 바로 이 편견이 작동하는 것입니다.

우리는 모두 각자의 삶과 문화를 통해 세상을 바라봅니다. 이는 우리가 살아오며 자연스럽게 습득한 고정관념과 밀접하게 연결되어 있습니다. 그리고 이러한 고정관념의 렌즈를 통해 세상을 보는 동안, 편견이라는 함정에 빠질 위험에 처하게 됩니다.

하지만 편견을 극복하는 방법은 분명히 있습니다. 그것은 바로 우리가 익숙하지 않은 것, 우리를 불편하게 하는 것에 직면하는 것입니다. 저는 학생들에게 항상 말합니다. "진정으로 다른 문화권에 들어가 그 사람들과 시간을 보내세요." 그렇게 해야만 자신이 가진 편견과 마주할 수 있고, 그것을 극복할 방법을 찾을 수 있습니다. 이러한 과정은 때때로 어렵고 불편할 수 있지만, 결국 그것이 우리를 성장하게 합니다. 그래서 제 수업은 흔히 다루기 꺼리는 주제를 중심으로 진행됩니다. 학생들에게는 때때로 충격적으로 느껴질 수 있지만, 바로 그런 점이 제가 이 방식으로 수업을 진행하는 이유입니다. 우리가 편견을 깨고 이해를 확장하려면 금기된 영역으로 들어가야 합니다.

예를 들어, 제가 수업에서 자주 하는 일 중 하나는 학생들에게 자신이 어떤 피부색을 선호하는지 특정 인종에 대해 거리감을 느끼는 이유를 물어보는 겁니다. 이런 질문은 보통 사람들이 공개적으로 논의하기를 꺼리는 주제지요. 그러나 저는 학생들에게 불편한 질문을 던지고 진지한 대화를 시작하도록 요청합니다. 제가 추구하는 것은 단순히 학생들의 의견을 바꾸려는 것이 아닙니다. 그보다는 그들의 생각에 내재한 이유를 탐구하도록 돕는 데 목적이 있습니다. 이런 질문은 우리의 호기심을 드러내는 동시에 우리의 편견을 드러내며, 이를 대화에서 완화하거나 허물 기회를 제공합니다.

한 학생이 혼혈 관계를 부정적으로 본다고 가정해봅시다. 저는 이 학생이 왜 그렇게 생각하는지 묻습니다. 그리고 그 학생이 혼혈인과 직접 대화를 나눌 기회를 제공합니다. 이 과정에서 학생은 자신의 생각을 재검토하고, 때때로 생각을 확장하게 되지요.

이때 중요한 점은 학생들이 단순히 '올바른' 답을 말하려 하지 않도록 하는 겁니다. 만약 제가 "특정 집단에 대해 어떻게 생각하나요?"라고 물으면 학생들은 대개 제가 듣고 싶어 할 만한 답을 할 가능성이 높습니다. 하지만 간접적으로 질문을 던지거나 실제 상황에서의 대화를 유도하면, 훨씬 더 솔직하고 복잡한 생각이 드러나게 됩니다. 이 과정은 단지 편견을 발견하는 데 그치지 않고, 때때로 우리가 전혀 예상치 못한 흥미로운 관점을 발견하기도 합니다.

학생들에게 중요한 것은 스스로의 생각과 신념을 깊이 탐구할 시간을 갖는 겁니다. 자신의 생각이 어디에서 비롯되었는지, 그 생각이 타인과의 관계에 어떤 영향을 미치는지 이해하는 것이지요. 이런 과정을 통해 우리는 서로 다른 관점을 존중하는 방법을 배우고, 대화의 힘을 경험하게 됩니다.

저는 수업에서 학생들에게 강한 감정을 불러일으키는 주제를 다루게 합니다. 왜냐하면, 우리의 신념이 강렬할수록 그것을 탐구할 때 얻을 수 있는 배움도 크기 때문입니다.

예를 들어, 어떤 학생이 "부모님이 늙었을 때 돌보지 않는 것은 절대적으로 잘못된 일이다"라고 말한다고 가정해 봅시다. 저는 그 학생을 반대 의견을 가진 사람들과 대화하게 합니다. 이렇게 하면 그 학생은 자신의 신념이 단지 문화적 배경에서 비롯되었는지, 아니면 더 깊은 개인적 신념에 기반했는지 알게 되지요.

한국에서는 부모를 부양하는 것을 도덕적 의무로 여기는데, 다른 문화에서는 그보다 더 강한 의무감을 느끼는 경우도 있습니다. 한국인이 부모를 돌보는 방식조차 다른 문화에서는 충분하지 않다고 여겨질 수 있습니다. 이런 비교와 대화는 학생들에게 자신의 관점만이 절대적인 것이 아니라는 사실을 깨닫게 합니다.

편견을 부수는 것들에 대하여

이런 논의와 교육은 특히 한국에서 점점 더 중요해집니다. 한국은 점차 다문화 사회로 진화하고 있습니다. 하지만 여전히 많은 한국인이 외국인이나 혼혈인을 이방인으로 바라보는 경향이 있습니다. 최근 학교와 기업에서 다양성, 형평성, 포용성DEI: Diversity, Equity, Inclusion 교육이 확산되고 있지만, 일부는 여전히 왜 사고방식을 바꿔야 하는지 의문을 제기합니다. 이들의 입장도 이해할 수 있습니다. 다만 한국이라는 사회가 건강한 방향으로 나아가려면 더욱 편견에 도전하고 포용적인 사고방식이 필요합니다. 이것이 왜 중요할까요? 이 질문에 답하기 위해 우리는 다문화 사회에서 살아가는 데 필요한 핵심 요소를 살펴봐야 합니다.

한 국가가 문화적으로 다양해지면, 사람들은 낯선 이들이 자신의 삶에 가져오는 여러 변화를 탐색해야 합니다. 예를 들어, 언어를 공유하지 않는 사람과 어떻게 소통해야 할까요? 상대방의 음식이 마음에 들지 않을 때, 이를 가장 적절하게 표현하는 방법은 무엇일까요? 낯선 사람에게 왜 특정 방식으로 옷을 입는지 물어보는 것이 괜찮을까요?

낯선 사람과의 대화는 종종 분명한 규칙이 없기 때문에 우리를 더욱 고민하게 합니다. 아무도 낯선 사람에게 의도적으로 불쾌감을 주고 싶어 하지 않습니다. 친절과 친근함은 전 세계적으로 공통된 인간의 자질이기 때문입니다. 그렇기에 우리는 낯선 사람을 환영하는 방법을 본능적으로 어느 정도 알고 있습니다. 그러나 잊지 말아야 할 것은, 역사적으로 많은 사람이 특정 집단에 부정적인 대우를 받은 경험이 있다는 점입니다.

20세기 초 미국에서 한국인, 일본인, 중국인은 매우 열악한 대우를 받았습니다. 동아시아인은 으레 차별당했고, 흑인과 아메리카 원주민 역시 같은 고통을 겪었습니다. 일본이 한국인을 대한 방식 또한 그 당시의 한국인에게 큰 상처를 남겼습니다. 이러한 역사적 맥락에서 사회학자들은 부정적인 대우가 어떻게 작동하는지 이해하려 했습니다. 그리고 심지어 사람들이 그러한 행동을 인식조차 하지 못하는 상황에서도 그것이 어떻게 나타나는지 분석하기 시작했습니다. 이 연구는 사람들이 자신의 행동을 평가하는 데 사용할 수 있는 가이드라인을 제공해주었고, 이것이 바로 오늘날 DEI 프로그램의 기초가 되었습니다.

DEI 교육과 워크숍의 목적은 단순합니다. 다른 집단에 대한 편견이 내 삶에서 어떤 방식으로 작용하는지 살펴보고, 그 편견을 최소화하는 것입니다. 이를 통해 다른 사람들을 우리가 바라는 대로 대할 수 있게 됩니다. 이는 단지 차별을 방지하는 것 이상이며, 다양성을 기회로 삼아 새로운 문화를 경험하고 더 넓은 세상을 만나게 해줍니다.

다른 문화를 접하는 것은 새로운 음식을 맛보는 것과 비슷합니다. 세계 각지의 독특한 요리가 우리의 미각을 자극하듯, 다양한 사람과의 만남은 우리의 사고와 감정을 풍부하게 해줍니다. 누가 이러한 경험을 원하지 않을까요? 사람들은 정말 매력적입니다. 그리고 그들을 알아가는 과정은 끝없는 배움과 흥미로 가득 차 있습니다. 이 과정에서 가장 큰 걸림돌은 두려움입니다. 낯선 사람을 만날 때, 또는 새로운 문화를 접할 때 우리는 실수하거나 상대방을 불쾌하게 할까 봐 걱정합니다. 그러나 실수를 두려워하지 마세요. 사람들은 여러분의 진심 어린 노력과 관심을 이해할 것입니다. 오히려 질문을 던지고 대화를 시작하는 것이 상대방과의 연결을 만드는 첫걸음입니다.

MBTI, MZ
그리고 샘이라는 사람

편견과 고정관념에 대한 이야기를 이어가기 좋은 소재가 있습니다. 바로 MBTI와 MZ세대 같은 것이지요. 한국에서는 첫만남에 MBTI를 물어보는 경우가 종종 있습니다. 미디어에서는 젊은이들을 'MZ세대'로 묶어 설명하거나, MBTI 성격 유형을 사용해 개인을 분류하기도 합니다. 이런 분류 방식이 사람을 이해하는 데 편리함을 제공할 수도 있지만, 동시에 고정관념과 편견을 강화할 위험도 내포하고 있습니다. 과연 이러한 '꼬리표lables'는 우리를 얼마나 정확히 설명할 수 있을까요?

결론부터 이야기하면 MBTI나 세대 분류처럼 사람을 범주화하는 방식은 모든 사람에게 정확히 들어맞을 수 없습니다. 예를 들어, 저는 MBTI에서 외향형으로 분류되지만, 실제로는 외향성과 내향성의 경계에 있습니다. 많은 한국인은 제가 외향적이라고 믿겠지만, 저는 내향적인 특성도 많이 있습니다. MBTI에서 제 NTP 특성은 정확하다고 느끼지만, 그것만으로 제 성격을 전부 이해할 수는 없습니다.

범주화는 사람이나 세대의 일부만을 보여줄 뿐입니다. 그것은 종종 사람들을 상자 안에 가두고, 그들의 복잡성과 독특함을 간과하게 만듭니다. 저는 MBTI를 통해 저 자신을 더 잘 이해하고, 다른 사람과 소통하는 데 도움을 받을 수 있었지만, 그 이상을 넘어서는 것이 중요합니다. MBTI라는 렌즈로만 저를 본다면, 제 행동과 사고에 고정관념을 갖게 되고, 결국 저를 편향되게 이해할 것입니다.

세대 분류는 MBTI보다 더 부정확합니다. 예를 들어, 'MZ세대'는 수십 년 동안 태어난 전 세계의 사람을 광범위한 사회학적 특성으로 묶은 것입니다. 하지만 세대라는 기준은 매우 모호하고, 이를 기반으로 개인을 이해하려는 시도는 거의 무의미할 수 있습니다. 저는 X세대와 Z세대의 차이점이 무엇인지조차 모릅니다. 왜냐하면 그런 용어를 전혀 사용하지 않기 때문입니다. 저에게 세대 분류는 실질적인 가치를 제공하지 않습니다. 물론 범주화 역시 어떤 부분에서는 효용성이 있습니다. MBTI 같은 도구는 우리에게 자기 이해와 소통의 단서를 제공할 수 있습니다. 하지만 그것이 전부는 아닙니다. 범주화를 사용할 때 가장 중요한 점은 그것을 절대화하지 않는 것입니다. 사람은 단순한 범주 이상의 존재이며, 각자의 고유한 복잡성을 가진 유일무이한 개체이기 때문입니다. 사회는 더하지요. 그러므로 범주화는 우리가 무언가를 이해하는 일종의 도구일 뿐입니다. 그러나 사람과 사회를 진정으로 이해하려면, 그 도구를 넘어서는 시각이 필요합니다.

SNS 안의 프레임을 깨라

편견에 대해 이야기할 때 또 하나 빠트릴 수 없는 주제가 소셜미디어입니다. 소셜미디어는 현대 사회의 거대한 메가폰과도 같습니다. 특히 한국에서는 젊은 세대가 트렌드에 맞춰야 한다는 압박을 느끼며 살아갑니다. 그러나 순응과 개성을 조화롭게 유지하는 것은 단순한 문제를 넘어, 문화적 정체성과 깊이 연결된 과제입니다. 이 문제를 탐구하려면 한국 문화의 특성과 소셜미디어가 전달하는 메시지의 영향을 함께 살펴봐야 합니다.

한국은 공동체주의적 문화가 강하게 자리 잡은 사회입

니다. 순응은 한국인에게 미국이나 캐나다 같은 서양 문화권 사람보다 덜 혼란스러운 개념입니다. 예를 들어, 미국은 다양한 문화권에서 온 사람들이 함께 사는 나라이며, 각각의 사람들은 자신만의 정체성을 유지하면서도 미국 사회의 일원이 됩니다. 어떤 미국인은 멕시코의 전통을 따르며 살고, 다른 미국인은 전혀 다른 문화를 유지하면서도 모두 같은 미국인으로 간주됩니다.

그러나 한국에서는 이러한 다문화적 구조가 아니라 단일한 문화적 틀 안에서 살아가는 경우가 많습니다. 특히 한국의 젊은이는 순응하지 않으면 사회에서 소외될지도 모른다는 불안감을 느끼기도 합니다. 소셜미디어 같은 플랫폼은 24시간 내내 이러한 메시지를 강화합니다. 예를 들어, '한국 사회의 중심에 있지 않으면 행복할 수 없다'는 메시지는 젊은 세대에게 강력한 영향을 미칩니다. 이러한 생각은 행동과 외모를 포함해 모든 면에서 '무리의 중간'에 속하려는 압박으로 이어지며, 이는 정신 건강에도 부정적인 영향을 미칠 수 있습니다.

물론 순응이 항상 나쁜 것은 아닙니다. 한국인은 긍정적인 면에서 단일 문화 속에서 빠르게 순응함으로써 개인의 정체성을 유지하면서도 사회의 기대에 부응하는 특별한 능력이 있습니다. 그러나 이러한 순응이 독이 되는 경우도 있습니다. 특히 외국에서 유학하거나 장기 거주를 경험한 한국인은 한국 문화의 엄격한 기대와 자신의 새로운 경험 사이에서 갈등을 느낄 수 있습니다. 종종 그들은 외국에서 배운 개성과 독립성을 유지하려 하지만, 한국 사회의 압박 속에서 이를 잃어버리게 됩니다.

그렇다면 한국의 젊은이는 어떻게 하면 사회적 규범에 도전하고 자신의 개성을 유지하며, 소셜미디어의 영향을 최소화할 수 있을까요?

첫째, 소셜미디어의 메시지를 비판적으로 바라보는 능력을 키워야 합니다. '트렌드를 따라야 한다'는 생각을 의식적으로 점검하고, 그러한 메시지가 진정으로 자신에게 필요한지 고민해야 합니다.

둘째, 순응과 개성의 균형을 찾는 것이 중요합니다. 한국 문화의 틀 안에서 빠르게 순응하면서도 자신의 정체성을 유지할 수 있는 방어 메커니즘을 활용해야 합니다. 이는 자신의 가치와 목표를 명확히 하고, 사회적 압박에 휘둘리지 않도록 돕습니다. 다른 사람의 좋아 보이는 모습과 내

현재의 모습이 다르다고 해서, 내가 틀린 것이 아님을 언제나 명심해야 합니다.

당신의 눈을 가리는 것에서 벗어나라

한국은 지금 중요한 문화적 변화를 맞이하고 있습니다. 점점 더 많은 외국인과 다양한 문화가 한국 사회에 들어오고 있으며, 이는 한국의 문화적 정체성을 더욱 다채롭고 풍부하게 해줍니다. 이러한 변화는 단지 일시적인 현상이 아니라, 막을 수 없는 흐름입니다. 이 변화의 흐름을 어떻게 받아들이느냐에 따라 우리 삶의 질과 방향이 결정될 것입니다. 변화에 대해 약간 두려워하거나 거부하려는 마음은 자연스러운 반응입니다. 익숙한 것에서 벗어나 새로운 것을 받아들인다는 것은 항상 쉽지 않기 때문입니다. 하지만 중요한 것은, 변화는 피할 수 없다는 사실입니다. 한국은 이미 더 많은 외국인과 다양한 문화적 경험을 겪고 있으며, 이러한 흐름은 앞으로도 계속될 것입니다. 그러므로 편견을 깨고 고정관념을 적절히 이용하는 지혜가 필요합니다.

이번 장에는 고정관념과 편견에 대해서 이야기해보았습니다. 편견의 개념에서 시작해 개인 그리고 사회 나아가 한국 사회의 변화까지 다루어보았지요. 이 장을 마치면서 다시 강조하자면, 편견을 무너뜨리는 일은 단지 교실 안에서만 이루어져야 하는 것이 아닙니다. 그것은 우리가 매일의 삶에서 지속적으로 실천해야 하는 과제입니다. 편견은 사람과 사람 사이에 벽을 세우고, 서로를 이해하지 못하게 하며, 관계를 제한합니다. 그러나 그 벽을 허물고 나면 더 넓고 풍부한 세계를 만날 수 있습니다.

삶에서 편견을 무너뜨리는 첫걸음은 스스로의 한계를 인정하는 것입니다. 우리는 모두 자신의 경험과 배경에 따라 세상을 바라보는 렌즈가 있습니다. 이 렌즈는 때때로 다른 사람이나 문화를 왜곡되게 보도록 하기도 하지요. 따라서 우리의 생각이 절대적인 진실이 아니라는 점을 인정하는 것이 매우 중요합니다. 다음으로 중요한 것은 질문을 던지는 용기입니다. 다른 사람의 이야기를 들으려면 먼저 질문해야 합니다. 하지만 그 질문은 상대방을 판단하거나 몰아붙이기 위해서가 아니라, 이해하려는 마음에서 비롯되어야 합니다. 질문은 대화의 문을 여는 열쇠입니다.

또한 불편함을 마주하는 용기도 필요합니다. 새로운 관점을 접하거나 익숙하지 않은 상황에 놓일 때 우리는 종종 불편함을 느낍니다. 그러나 그 불편함은 우리가 성장하는 과정의 일부입니다. 편견을 무너뜨리는 길은 불편함을 피하지 않고 그 속으로 들어가는 데 있습니다.

마지막으로 인간에 대한 믿음을 가져야 합니다. 우리 모두는 자신의 환경과 경험에서 살아온 결과물입니다. 누군가의 생각이 나와 다르다고 해서 그 사람의 가치를 폄하해서는 안 됩니다. 우리는 서로를 이해하려는 과정에서 더 깊은 연결을 발견하게 됩니다.

편견을 무너뜨리는 것은 단순히 개인적인 성장이 아니라, 우리가 살아가는 세상을 더 나은 곳으로 만드는 행동입니다. 그것은 삶의 방식이 되어야 합니다. 매일 작은 질문을 던지고, 새로운 이야기에 귀를 기울이며, 우리가 가진 생각의 경계를 조금씩 넓히는 것. 그렇게 할 때 편견 너머의 세상을 경험할 수 있습니다. 그리고 편견 없는 시선으로 세상을 바라보는 사람은 어떤 곳에서도 배울 준비가 되어 있는 사람입니다.

저는 그런 사람을 이 영어 단어로 표현합니다. '아이코노
클래스트iconoclast'. 우상파괴자라는 뜻이지요. 이는 사람들
이 가장 신성하게 여기는 것에 의문을 던지는 사람을 뜻합
니다. 저는 스스로를 아이코노클래스트라고 생각합니다.

우리 모두 각자의 인생에 우상파괴자가 되어야 한다고
생각합니다. 으레 그래온 것, 남들이 하는 것, 당연히 여기
는 것에서 벗어나야 하지요. 그것이 당신의 인생을 더 좋
은 방향으로 이끌 것입니다. 그런 태도가 여러분을 생각의
스위트 스팟으로 이끌 것이며 더 나은 인생으로 향하게 할
것입니다.

**자신의 문화와 삶의 방식을 사랑하면서도, 다른 사람들이
매우 다른 방식으로 살아가는 삶의 차이를 온전히 존중하
고 받아들이는 것 사이에서 균형을 찾는 것이 중요합니다.
이것이 바로 편견을 대하는 스위트 스팟이지요.**
**우리 자신과 우리의 삶을 포함해 모든 것과 모든 사람을 포
용하는 자세를 가져보세요. 당신의 시야가 더욱 넓어질 것
입니다.**

Chapter 5

길 바꾸기

Altering One's Path

문을 열어야
또 다른 문이 열린다

내일의 완벽한 계획보다
오늘의 실행이 더 나을 때도 있다

우리는 가끔 삶의 길을 바꿔야 할 중요한 순간을 맞이합니다. 그럴 때면 많은 사람이 이렇게 생각하지요.

'잘못된 길을 선택하면 어쩌지?'

'내가 생각하지 못한 변수가 있으면 어쩌지?'

'내가 잘하는 것일까?'

'지금까지 해온 것을 포기해야 할까?'

선택의 순간에 필요한 것은 결정이지만, 종종 그 결정을 내리는 과정이 우리를 더 단단하게 해줍니다. 지금부터 제가 삶에서 진로를 바꾼 경험과 그 안에서 배운 점을 여러분과 나누고자 합니다. 인생에서 중요한 선택을 앞두고 있는 분들께 도움이 되면 좋겠습니다.

먼저 제 어린 시절을 되돌아보겠습니다. 제 인생의 첫 20년은 닥치는 대로 하루하루를 살았습니다. 드럼을 연주하고, 스포츠팀에서 뛰고, 열네 살에 취직하고, 대학에 지원하는 등 많은 일을 했지요. 하지만 그 모든 일 중에 제가 진지하게 고민한 일은 없었습니다. 그냥 흘러가는 대로 살았던 것이지요. 그런 제가 처음으로 진로를 근본적으로 바꾸기로 결심한 때는 스무 살, 대학 3학년 초반이었습니다. 어쩌면 제 인생에서 처음으로 '진지한 학생이 되어보자'고 결심했습니다. 수업에 빠짐없이 출석하고, 모든 과제를 수행하며, 필수 독서뿐 아니라 그 이상을 공부하겠다고 결심했습니다. 공부에 대해서 진지해보기로 한 것이지요.

특별한 계기가 있는 것은 아니었습니다. 도서관에서 책을 읽던 중 뭔가 강렬한 충동이 일어 그런 결정을 내렸습니다. 당시 저는 대학에서 2년을 보냈지만, 학점은 1학년 절반 수준밖에 이수하지 못한 상태였습니다. 사실상 자퇴 위기였지요. 학교에 남느냐, 떠나느냐 기로에 섰습니다. 그렇게 저는 '이제부터는 다르게 살아야 한다'고 마음먹었습니다. 그날의 결정이 없었다면, 저는 몇 주 안에 학교를 떠났을지도 모릅니다.

결정을 내린 후, 밴드 멤버들에게 전화를 걸어 예정된 공연이 끝나면 밴드를 그만두겠다고 말했습니다. 당시 저는 로큰롤 밴드의 멤버였는데, 밴드 생활을 정리하기로 한 겁니다. 그리고 지게차를 운전하던 직장에도 가서 학교에 전념하기 위해 일을 그만두겠다고 알렸습니다. 이 결정을 들은 사람 중에는 제가 이를 이행할 수 있을지 의심한 사람도 있었을 겁니다. 하지만 저는 자신을 의심하지 않았습니다. 제가 어디로 가는지 명확히 알지 못했지만, 적어도 인생의 방향을 바꾸겠다는 의지는 확고했습니다.

이 과정에서 제가 배운 것은, 때때로 세부적인 계획보다는 방향을 설정하는 것이 더 중요하다는 것입니다. 많은 이들이 "첫째 이걸 하고, 둘째는 저걸 하고, 셋째는 이런 결과를 낼 것이다"라고 계획을 세우지만, 인생은 그렇게 예측 가능한 것이 아닙니다. 공부를 제대로 하기로 마음먹고도 계획대로 실행하기까지 1년여의 시간이 걸렸습니다. 이 또한 예측하지 못한 것이지요. 다른 사람들도 마찬가지입니다. 강의에서 학생들의 이야기를 듣다 보면 많은 젊은 이가 열정을 품고 특정한 길을 시작했다가 예상치 못한 장애물에 부딪혀 어려움을 겪는 것을 보았습니다. 모두가 그렇지는 않지만 지나친 계획 때문에 장애물이 아닌 장애물과 싸우느라 자주 어려움에 빠졌습니다. 잠긴 문을 억지로 열려고 애쓰는 대신 그 옆의 열린 문을 찾아야 하는데, 거기에 쓸 에너지를 소진해버린 것이지요. 이처럼 인생에서는 철두철미한 계획보다, 방향을 정하고 거기에 한 발 내딛는 것이 더 큰 결과를 낳을 때가 많습니다.

해야 할 일을 할 때
더 많은 문이 열린다

제가 펜실베이니아 주립대에서 강의를 하게 된 것도 비슷한 맥락입니다. 로리와 함께 살기 위해 펜실베이니아로 왔을 때 저는 처음부터 시작해야 했습니다. 그전에도 강의를 수년간 해왔지만 펜실베이니아에서는 처음이었지요. 따라서 강의를 맡게 될 확률은 낮았습니다. 그래도 우선 사회학과를 방문해 이력서를 제출하며 저의 강의 경험을 어필했습니다. 논문을 다 쓰고, 교수 인맥을 쌓는 등의 계획 대신 말이지요. 그러자 2주 후에 학과장님에게서 전화가 왔습니다. 도시사회학 수업을 맡아줄 수 있겠냐고요. 문제는 제가 도시사회학에 대해 아는 것이 거의 없었다는 겁니다. 실제로 저는 그 주제를 다룬 수업을 들어본 적도 없었습니다. 그래서 솔직하게 그 분야에 대해 잘 모른다고 말씀드렸는데, 그때 학과장님이 저의 어떤 점을 눈여겨봤는지 제가 잘할 수 있을 거라고 믿어주셨습니다. 그 말을 듣고 도전해보자는 생각으로 그 수업을 맡게 되었지요. 제 첫 펜실베이니아 주립대 수업은 그렇게 시작되었습니다. 첫 번째 문이 열린 것이지요. 한 학기 강의료는 3,000달러였는데, 그 경험은 금전적 가치를 초월하는 것이었습니다.

두 번째 문은 2년 차에 찾아왔습니다. 저는 당시 인종 관계를 다루는 SOC 119 수업을 맡아달라는 제안을 받았습니다. 이 수업은 논란의 중심에 있었습니다. 알다시피 인종 문제는 여러 부분을 신경 써야 하는 복잡한 과목입니다. 난관이 가득해 보였지요. 처음에는 거절했지만 학과장님이 "그 수업 말고는 당신이 맡을 수업이 있을지 모르겠

네요"라고 하더라고요. 마음이 급해져서 잠깐 고민하고는 마침내 그 과목에 도전하기로 했습니다. 강의를 하지 않고도, 저는 페인트칠을 해서 더 많은 돈을 벌 수 있었습니다. 저는 페인트칠을 잘했고, 그 일을 좋아했습니다. 당시에는 돈보다 가르치는 일을 선택하고 싶었습니다. 돌아보면, 그것이 제 경력에서 가장 중요한 결정 중 하나였음을 깨닫습니다. 제가 지금까지도 강의를 계속하고 있으니까요.

이처럼 뭔가 해야 할 일을 할 때 많은 일이 꼬리를 물고 일어납니다. 문이 하나가 열리고 또 하나의 문이 열리면서 계속해서 새로운 차원이 보일 때가 많습니다. 앞서 말한 것처럼 이때 너무 세부적인 계획보다 그 상황으로 한 발 내딛어보세요. 그렇게 하다 보면 조금씩 자신이 원하는 방향을 찾게 될 것입니다.

어떤 상황에서도
배울 점은 있다

길을 바꾼다는 말을 할 때 보통 직업을 바꾼다는 것을 떠올릴 것입니다. 물론 다른 요소도 많지만, 성인의 경우 '이 길이 내 길이 아닌가?' 하는 생각은 직업과 관련해서 많이 하는 생각이지요.

한국에서는 여성이 주로 23세 이전에, 남성은 군 복무를 마친 후인 25세 즈음에 취업을 준비하는 경우가 많다고 들었습니다. 이때 뚜렷한 진로가 정해지지 않으면 전공에 맞는 직업군이나 높은 수익을 보장하는 직업군을 선택하려는 경향이 있다고 합니다. 저는 이것이 잘못되었다고는 생각하지 않습니다. 사회라는 세상에서 변수를 줄이고, 실제 생활을 위해서 그런 선택을 할 수도 있습니다. 다만 제가 하고 싶은 말은 직업을 선택하는 데 훨씬 더 많은 기준이 있다는 것을 알았으면 좋겠다는 것입니다.

직업이라는 개념을 바라볼 때, 그 다양함은 놀라울 정도입니다. 어떤 이는 변호사가 되고, 또 어떤 이는 교사가 되며, 심지어 커피숍에서 음료를 만드는 일에 열정을 느끼는 사람도 있습니다. 중요한 것은, 어떤 직업이든 결국에는 자신을 움직이게 하고, 사람들과 연결되며, 세상과 소통하는 행위라는 점입니다.

모든 직업은 그 본질에서 다르지 않습니다. 이를 인정하면, 직업에 대한 사고방식이 변화하게 됩니다. 저는 종종 커피숍에 앉아 음료를 만드는 바리스타를 보면서 그 사람의 일상을 상상합니다. 컵을 닦고, 카페라테를 만들고, 고객과 소통하는 그 모습이 제가 강의하는 것과 크게 다르지 않다는 것을 깨닫습니다. 우리는 각자의 자리에서 사람들과 소통하며 삶을 채워나갈 뿐입니다.

이런 관점에서 보면, 특정 전공을 공부하고 그와 관련된 직업을 선택하는 것이 당연하다고 느껴질 수 있습니다. 하지만 중요한 것은, 우리가 무엇을 배우고, 그것을 어떻게 삶에 적용하느냐입니다. 자신의 일이 가치 있다고 느끼고 몰입할 수 있다면, 어떤 직업이든 매혹적인 잠재력을 지니고 있습니다. 그러니 지금 열정을 걸 만한 일이 보인다면 다른 사람의 눈을 보지 말고 자신의 마음의 소리에만 귀를 기울이세요. 남들이 보기에 조금 모자라다는 것은 일반화할 수 없는 기준일뿐더러, 직업을 정하는 데 필수적인 것도 아니니까요.

벗어날 수 없는 삶에
자신을 가두지 마세요

반대로 어떤 사람은 다른 사람이 부러워할 직업을 가지고 있기 때문에 진정으로 자신이 원하는 일에 도전하지 못하기도 합니다. 돈이나 사회적 지위 같은 것이 발목을 잡기 때문입니다. 이런 사람에게 현재의 직업을 포기하는 것은 이미 가진 것을 포기해야 하는 것이니까요. 큰돈을 벌고 사람들에게서 인정받지만 행복하지 않은 삶이 이어지는 것이지요. 그런데 다른 사람에게는 이런 사람이 부러움의 대상일 수 있지만 당사자는 그렇지 않을 수 있습니다. 주변의 기대를 온몸에 지고 한 걸음씩 원하지도 않는 미래를 향해 인생 길을 걷는다고 생각해보십시오. 자신에 대한 탐구와 열망은 점점 사라지고 껍데기만 남은 인생이 될 수도 있습니다. 이처럼 무언가를 잃기 두려워하는 분들에게 한 가지 중요한 조언을 드리고 싶습니다.

"벗어날 수 없는 삶에 자신을 가두지 마세요."

물론 이 말은 직업에만 국한된 것은 아닙니다. 저는 아내 로리와 함께 언제든 상황이 변할 수 있다는 가능성을 염두에 두고 살아왔습니다. 그래서 우리는 감당할 수 있는 수준보다 훨씬 저렴한 집을 구입했고, 소비를 제한하며 검소한 삶을 살아왔습니다. 우리의 월급이 꼭 필요하지 않은 삶을 구축한 것이지요.

많은 사람이 주변에서 좋다고 하는 물건을 사느라 돈을 쓰며 자신을 소비의 굴레에 가둡니다. "이 차를 사야 해. 최고의 차니까"라는 말을 들으면 솔깃할 수 있습니다. 그러나 과도한 소비는 결국 당신을 현재의 월급에 얽매이게 합니다. 만약 집, 자동차, 자녀의 교육비 등에 지나치게 큰 비용을 쓰고 있다면, 그 모든 것을 포기하지 않고서는 다른 꿈을 꿀 수 없을지도 모릅니다.

많은 한국인이 원하는 일자리를 찾지 못해 좌절감을 느끼지만, 실상은 일자리를 찾지 못하는 것이 아니라 자신이 꿈꾸던 직업을 찾지 못하는 것입니다. 한국에는 노동력 부족으로 외국인 노동자가 유입되고 있는 상황입니다. 그렇다면 왜 많은 사람이 불만을 느끼는 걸까요? 바로 사회적 기대치와 개인적 만족이 충돌하기 때문입니다.

저는 평생 동안 안정된 지위를 갖지 않았고, 언제든 교직을 그만두어도 괜찮다는 생각으로 살아왔습니다. 만약 교직을 그만둔다면, 저는 아마 다시 페인트공으로 돌아갈 것입니다. 사회적으로는 큰 차이가 있어 보일지 모르지만, 저에게는 가르치는 일과 페인트칠하는 일이 실존적인 차이가 없습니다. 중요한 것은 제가 하는 일에서 만족을 느끼고, 그것이 제 삶을 자유롭게 한다는 점입니다.

실제로 우리는 다양한 직업을 경험한 후 인생 후반부에 자신이 진정으로 원하는 길을 선택할 수도 있습니다. 따라서 어떤 선택을 하든, 그리고 몇 차례 방향 전환을 하더라도 그것은 모두 의미 있는 과정입니다. 인생에 시간 낭비는 존재하지 않습니다. 오히려 그것은 우리의 가능성을 확장하는 기회입니다.

변화는 당신을
새로운 기회로 이끈다

제가 이렇게 이야기할 수 있는 건 직장에 대한 개념이 과거와 비교해 실제로 달라지고 있기 때문입니다. 특히 평생직장이라는 개념은 사라지고 있습니다. 이는 단순히 개인의 문화적 또는 심리적 변화만을 반영하는 것이 아니라, 글로벌 경제 구조가 급격히 변화하고 있음을 보여줍니다. 한국의 Z세대와 알파세대가 평생직장에 대한 관념을 갖지 않는 것은 미국이나 다른 나라에서도 비슷한 양상을 보입니다. 단지 젊은 세대가 장기적인 일자리를 원하지 않는 것만이 아니라, 글로벌 경제 자체가 더 이상 이를 지원하지 못하기 때문입니다. 미디어의 확산은 사람들이 다양한 직업과 삶의 방식을 접할 기회를 크게 늘렸습니다. 이제 사람들은 자신과 비슷한 사람들이 어떤 일을 하는지, 어떻게 살아가는지 쉽게 접할 수 있습니다. 그러면서 '저거 재미있어 보이는데 나도 한번 해볼까?'라는 생각을 자연스럽게 하게 됩니다. 또한 직업을 바꾸는 것이 더 나은 업무 환경이나 삶의 질을 제공할 것이라는 기대감도 높아지고 있습니다.

스마트폰을 들고 몇 번의 클릭만으로도 무엇이든 가능하다는 것을 경험하는 시대입니다. 이러한 정보 접근성은 사람들이 한 가지 일에 얽매이지 않고 더 나은 가능성을 찾아 끊임없이 이동하도록 유도합니다. 젊은 세대는 특히 약속에 얽매이지 않는 유연성이 있기 때문에 새로운 것을 시도하기에 훨씬 유리한 상황입니다.

기술의 발달은 우리에게 유리한 상황을 주기도 하지만, 반대로 급변하는 사회에 대비해야만 하는 상황을 만들기도 합니다. 예를 들어 현대의 글로벌 경제 시스템은 점점 더 단기 일자리를 중심으로 조직화되고 있습니다. 기업은 직원이 장기적으로 근무하지 않을 가능성을 염두에 두고 채용을 진행합니다. 이는 글로벌 시장의 빠른 변화와 치열한 경쟁에서 생존하기 위한 적응 전략 중 하나입니다. 조직의 성공 여부는 변화하는 환경에 얼마나 잘 적응하느냐에 따라 결정되며, 단기 채용은 기업에 재정적 유연성을 제공하는 주요 수단이 되고 있습니다.

AI의 발달은 또 어떤가요? 십수 명의 팀원이 일주일 동안 해야 할 일을 불과 몇 분 만에 해주기도 합니다. 그리고 분초마다 능력이 업데이트됩니다. AI의 미래는 이미 가늠하기 어려울 정도입니다. 이런 상황에서 기업은 계속해서 새로운 직원을 뽑을 이유가 없습니다. 이처럼 기술이나 산업 환경의 부정적인 변화든 긍정적인 변화든 여러 요소 때문에 기업이 주던 장기 일자리에 대한 가치는 점점 줄어들 수밖에 없습니다. 따라서 개인의 일자리는 평생 동안 계속

해서 바뀔 수 있는 개념입니다. 이제는 어떤 직업에 자신을 맞출까가 아니라 계속해서 자신의 길에 대해서 고민하고 어떤 길이 자신이 진정으로 원하는 인생의 옵션인지 고민해야 합니다. 앞으로도 여러분은 더 많은 기로에 설 것이고, 그때마다 새로운 선택을 해야 하니까요.

무언가에서 멀어지려고 하는가, 무언가를 향해 가려고 하는가

이런 선택의 순간에 올바른 결정을 하도록 돕는 것이 무엇이 있을까요? 바로 질문입니다. 많은 사람이 이런 순간에 스스로에게 던지는 가장 중요한 질문은 '내가 더 행복해질까?' 혹은 '나는 더 나은 사람이 될 수 있을까?'입니다. 그러나 제가 생각하기에 진정으로 중요한 질문은 이것입니다. 저는 이 질문이 더 현실적이라고 생각합니다.

'나는 무언가에서 멀어지려고 하는가, 아니면 무언가를 향해 가려고 하는가?'

이 두 질문은 본질적으로 큰 차이가 있습니다. 무언가에서 멀어진다는 것은 그 대상이 무엇인지 정확히 이해하지 못하더라도, 지금 나를 불만족스럽게 만드는 어떤 것이 있음을 인지하는 것입니다. 반대로, 무언가를 향해 간다는 것은 지금보다 더 온전하고, 더 건강하고, 더 만족스럽고, 더 행복한 상태에 도달하고자 하는 열망에서 비롯됩니다. 새로운 직업, 새로운 거주지, 새로운 파트너, 혹은 새로운 취미가 될 수도 있지요. 이 질문에 스스로 답하는 과정은 우리의 미래 방향을 설정하는 데 매우 유익한 통찰을 줍니다. 자신의 불만족과 갈망을 제대로 이해해야만, 삶을 더 나은 방향으로 이끌어줄 결정을 내릴 수 있으니까요. 이것은 단순히 모든 불편한 것에서 멀어지려는 것과는 차이가 있습니다. 때때로 자신의 마음을 잘 모를 때도 있습니다. 단순히 그때 처한 상황이 불편해서 멀어지고 싶을 때도 있겠지요. 그럴 때는 자신에게 솔직하게 질문해보세요.

'이 불편함이 단순한 회피로 끝날 것인가, 아니면 새로운 길을 열어줄 것인가?'

예를 하나 들어보겠습니다. 저는 한때 불교 수도원에서 2주간 머물렀습니다. 그곳에서 하루에 네 번씩 명상을 하고, 불교 신자로 생활했습니다. 매우 매혹적인 시간이었고,

동시에 제가 불교도가 되고 싶지 않다는 것을 깨닫는 시간이기도 했습니다.

그 수도원은 선불교 수도원이고, 마지막 날 저는 로시 스님과 단둘이 대화를 나눌 기회가 있었습니다. 스님과 나눈 대화는 매우 큰 의미가 있었습니다. 저는 수도원에 간 이유를 솔직히 고백했습니다. 당시 저는 가르치는 일에 불만족을 느끼고 있었고, 제 길이 맞는지 확신할 수 없었습니다. 펜실베이니아 주립대에서 몇 년간 가르쳤지만, 이 일이 제 적성에 맞는지 고민하고 있었습니다. 저 역시 기로에 선 것이지요. 스님과 나눈 대화는 모든 퍼즐이 딱 맞춰지는 것처럼 간단명료했습니다. 저는 이렇게 물었습니다.

"모든 면에서 저는 가르치는 사람이 되어야 하는 것 같긴 하지만 왠지 이 길이 만족스럽지 않고 불안합니다. 저는 더 이상 제 마음에서 나는 이 목소리를 침묵시킬 수 없습니다."

그러자 로시 스님이 대답했습니다. 매우 단순한 이야기였지요.

"학생들에게서 배워야 합니다."

그 순간에는 그의 말이 무슨 의미인지 알 수 없었습니

다. 그는 더 이상 설명하지 않고 눈을 감았고, 저는 홀로 그 의미를 곱씹어야 했습니다. 하지만 시간이 지나면서 그의 말이 제 안에서 점점 큰 울림을 주었습니다. 결국 저는 젊은이들을 가르치기 위해 온 것이 아니라, 그들에게서 배우기 위해 여기에 있다는 것을 깨닫게 되었습니다. 이 사실은 제가 교단에 더 오래, 더 열정적으로 설 수 있도록 해주었습니다.

오늘날 제 강의 방식은 그때의 깨달음에서 비롯되었습니다. 저는 800명 규모의 강의실에서 학생들이 단순히 제 강의를 듣는 것이 아니라, 서로에게서 배우고, 저에게도 가르칠 수 있도록 초대합니다. 이는 기존의 대규모 강의 방식과는 전혀 다른 급진적인 접근법입니다. 학생들은 종종 저에게 이렇게 말합니다. "SOC 119를 좋아하는 이유는 교수님의 말씀이 아니라, 다른 학생들의 이야기를 듣는 것이 즐거워서입니다." 이것은 제가 목표로 삼은 결과이며, 제가 학생들에게서 배우는 경험을 반영한 것입니다.

돌이켜보면, 로시 스님이 제게 명확하게 설명해주지 않아 얼마나 다행인지 모릅니다. 만약 그가 자세히 설명했다면, 저는 그 의미를 스스로 찾아내지 못했을 것입니다. 우리의 삶도 마찬가지입니다. 선택의 순간에 답이 떠오르지 않는다면 질문 자체를 품고 나아가야 합니다. 그것이 바로 진정한 깨달음과 성장이 시작되는 길입니다.

잘못 선택했다고 해서
그 길이 끝나는 것은 아니다

우리는 로시 스님처럼 현자가 아니기 때문에 남과 다른 길을 선택할 때마다 종종 불안을 느낍니다. 어쩌면 이러한 불안은 인생이 단 한 번뿐이며, 그 삶이 하나의 선형적인 궤적을 따라간다는 믿음에서 비롯되었을 수 있습니다. 한 번 내린 선택을 되돌릴 수 없다는 생각이 불안을 키우는 것이지요. 그러나 저는 우리 안에 다시 시작하도록 끌어당기는 본능적인 힘이 존재한다고 믿습니다. 이것은 일종의 재탄생이라고 할 수 있습니다. 어쩌면 우리는 모두 본능적으로 태초로 돌아가 다시 시작하려는 열망이 있는지도 모릅니다. 사회학자로서 여러 문화권을 만나보면 흥미롭게도 이러한 열망이 모든 문화권에서 나타나는 삶의 이야기들, 새로운 시작에 대한 이야기들에서 반복적으로 드러난다는 것입니다. 이러한 이야기들은 사람들이 자신의 삶을 재구성하고 새롭게 만들어갈 수 있는 기회를 제공하며, 그 자체로 강력한 매력이 있습니다.

우리가 세상을 더 많이 이해하고 경험하며, 다른 사람들의 삶과 교차할수록 세상에는 상상도 못 하는 멋진 일이 가득하다는 사실을 깨닫게 됩니다. 그러나 이러한 깨달음 속에서도 '다른 것을 경험해보라'거나 '다른 삶을 살아보라'는 마음의 소리를 그대로 따르기는 쉽지 않습니다. 모든 것을 잃을 수도 있다는 불안 때문이지요. 이러한 두려움과 마음속 갈등을 극복하고 자신의 선택을 받아들인다면, 우리는 인간으로서 매우 중요한 경험을 할 수 있습니다. 바로 다시 태어나는 경험이지요. 새로운 일을 시작할 때 겪는 이 경험은 단순한 변화 이상의 의미를 지닙니다. 그것은 인간의 본질적인 부분을 실현하는 과정이기도 합니다. 그러므로 남과 다른 선택을 했다고 해서 지나치게 불안해하지 않아도 됩니다.

저는 이러한 불안에 대해 이야기할 때마다 태어나는 순간을 떠올립니다. 만약 우리가 태어날 때 의식이 있었다

면, 자궁을 떠나 세상으로 나오는 과정은 엄청난 불안과
두려움으로 가득했을 것입니다. 아마도 강제로 나오기 전
까지 자궁 속에 머물고 싶어 했을지도 모릅니다. 이는 성
인이 된 지금도 마찬가지입니다. 새로운 변화와 시작은 두
려움을 동반하지만, 그 두려움을 극복할 때 우리는 더 큰
가능성과 가치 있는 결과를 마주할 수 있습니다.

이미 자기 자신은
답을 알고 있다

무언가를 다시 시작하고 싶다는 마음과 어려운 현실을 피
해 멀리 도망가고 싶다는 마음은 때때로 너무 비슷한 모습
을 하고 있습니다. 그러므로 불안을 잠재우고 올바른 선택
을 하려면 스스로에게 더 많은 질문을 해야 합니다. 구체
적이고 현실을 반영해야 하지요.

첫 번째로 필요한 질문은 내가 지금 하는 일, 일하는 곳,
생활 방식에 정말 불만이 있는가? 이 질문이 중요한 이유
는 우리는 종종 타인에 대한 부러움을 현실에 대한 불만으

로 착각하는 경우가 있기 때문입니다. 우리는 꿈에 그리던 직업을 가진 친구나 친구의 친구, 책에서 본 사람, 이웃이나 우리가 하는 일보다 정말 멋진 일을 하는 다른 사람을 봅니다. 하지만 그들도 우리를 바라보며 같은 생각을 할지도 모르지요. 어쩌면 다른 사람을 위한 무언가를 나 자신을 위해 상상하는 것일 수도 있습니다. 그래서 정말 자신이 불행한지 스스로 물어야 합니다. 이 질문이 우리에게 정말 중요한 이유는 우리가 결코 다른 사람이 될 수 없기 때문입니다.

두 번째로 필요한 질문은 지금 불만이 있다면 그것이 정말 내 직업, 경력 또는 라이프스타일과 관련이 있는지 여부입니다. 현재의 직업이나 경력에서 벗어나 정신적으로 변화를 시도해보세요. 여전히 같은 장소에서 살고, 같은 친구와 가족 관계를 맺고, 같은 시간에 일어나고 같은 시간에 잠들며, 같은 취미를 갖고, 같은 음식을 먹게 될 것입니다. 다시 말해, 직업을 바꾼다고 해서 실제로 삶이 얼마나 달라질까요? 제가 항상 사람들에게 말하는데 달라질 것이 별로 없습니다. 이것은 단순히 실존적인 문제가 아니라 사회학적인 문제입니다.

직업을 바꾸기만 하면 모든 것이 나아지리라고 생각하기 쉽습니다. 마음에 들지 않는 상사나 신경을 거스르는 동료가 있을 수 있지만, 이는 거의 모든 직업에 해당하는 이야기입니다. 일상적인 업무는 다를 수 있지만 근본적인 역학 관계는 동일하게 유지되는 경우가 많습니다. 사회학자로서 저는 어떤 직업이 다른 직업보다 더 힘들거나 스트레스가 심한 것은 사실이지만, 사람들이 직장에서 직면하는 근본적인 문제는 특정 직업에만 국한되지 않는 경우가 많다는 것을 관찰해왔습니다. 이는 여러분이 느끼는 불만족이나 불만이 전적으로 직업 자체에 관한 것이 아닐 수도 있다는 의미입니다. 직업을 바꾼다고 해서 반드시 해결되지 않는 성취감이나 목적의식 결여 같은 더 깊은 문제일 수도 있습니다.

바로 이때 자기 성찰이 중요합니다. 어쩌면 여러분이 겪는 불확실성과 두려움은 단순히 직업에 관한 것이 아니라 내면의 불완전함이나 불안정함을 느끼는 더 본질적인 무언가일 수도 있습니다. 저도 교수로서 비슷한 경험을 했습니다. "학생들에게서 배워야 합니다"라고 말한 로시 스님을 만나기 전까지는 제 업무에서 본질적인 것을 놓치고 있다는 불확실성과 두려움이 있었습니다. 그 간단한 조언을 통해 저는 제 불만족이 가르치는 일 자체에 있는 것이 아니라 제가 접근하는 방식에 있다는 것을 깨닫게 되었습니다. 초점을 바꾸니 이전에는 저를 불안하게 만들었던 같은 일에서도 성취감을 느꼈습니다.

따라서 큰 변화를 주기 전에 불만족의 원인이 정말 업무 때문인지 아니면 관점, 접근 방식, 개인적 성장 등 다른 종류의 변화가 필요한 더 깊은 문제인지 스스로에게 깊이 있는 질문을 던져보는 것이 중요합니다. 많은 경우 이미 그 답은 자신이 알고 있습니다.

날마다 여러 가지 문이 열리고 닫히는 상황에서 내면의 평온을 찾는 것이 바로 스위트 스팟에서 살아가는 것입니다. 기회는 오고 가며, 그 순간 어떤 기회가 나에게 가장 좋은지 확신할 수는 없습니다. 이 불확실함을 받아들이고, 그 안에서 달콤한 즐거움을 찾아보세요.

Chapter 6

리더십
Leadership Habit

리더십은 한 가지 방식으로
정의되지 않는다

리더는 더 높은 사람을
말하는 것이 아니다

어느 날, 친구 다섯 명이 길거리에서 서성이는 장면을 상상해보세요. 모두가 '배가 고프고 식사를 하고 싶다'는 데는 동의하며, 맛있는 음식을 먹고 싶어 합니다. 하지만 정작 '이곳으로 가자'고 명확히 제안하는 사람은 없습니다. '아무 데나 괜찮다'는 이야기만 반복될 뿐, 대화는 진전되지 않고 시간만 흘러갑니다. 그러다 결국 누군가가 "나는 파스타가 먹고 싶은데, 파스타집은 어때?"라고 제안해야 비로소 분위기가 바뀌고, 식사 장소가 결정됩니다. 이렇게 소규모 모임에서도 누군가가 '방향'을 제시하지 않으면 쉽게 결론이 나지 않습니다. 그렇다면 수십 명, 수백 명 규모의 조직이나 도시, 혹은 국가 단위에서는 어떨까요?

많은 사람이 '리더십'을 이야기할 때, 특별한 능력이 있는 특별한 인물을 떠올립니다. 영화 속 강렬한 카리스마의 리더 이미지를 떠올리기 쉽지요. 하지만 저는 '결국 누군가는 방향을 잡아야 하고, 또 누군가는 그 방향을 따라가게 되어 있다'는 조직 운영의 필연적인 구조부터 생각해보기를 권합니다. 조직이 클수록 더 많은 리더가 필요하며, 그들은 공동체가 나아갈 길을 찾는 역할을 합니다. 동시에 대부분의 사람은 '팔로워'로서 그 방향을 따르게 됩니다. 이 구조는 어느 조직에서나, 심지어 가정 내에서도 반복됩니다.

제가 생각하는 리더십과 팔로워십은 단순히 '이끄는 사람'과 '따르는 사람'을 구분하는 것이 아니라, 우리가 함께 살아가는 방식 속에서 만들어지는 필수적인 조화라고 할 수 있습니다. 왜 그렇게 생각하는지 지금부터 이야기를 나눠보겠습니다.

흔히 리더라고 하면 특별하고 독보적인 사람을 떠올립

니다. 그러나 저는 리더가 특별한 사람이라는 가정에서 시작하고 싶지 않습니다. 대신, 리더십을 사회적 구조에서 필연적으로 발생하는 역할로 바라봅니다. 이것은 사회학적으로도 매우 기본적이고 중요한 개념입니다.

우선, 집단 의사결정과 행동의 사회학을 생각해보세요. 어떤 그룹이든 그 구성원들이 모두 동등하게 결정에 참여하고 행동 방식을 형성하기는 사실상 불가능합니다. 그룹이 유지되기 위해서는 누군가가 그룹을 대표해 생각하고 행동해야 합니다. 이는 단순히 효율성을 위한 선택이 아니라, 그룹이 지속 가능하게 기능하기 위한 필수 요소입니다.

특히 그룹의 규모가 커질수록 이러한 역할은 더욱 중요해집니다. 한 도시, 한 기업, 혹은 한 국가를 생각해보세요. 수백만 명의 사람이 같은 방향으로 나아가기 위해서는 반드시 리더가 필요합니다. 리더는 그 그룹의 미래와 궤적을 결정하며, 구성원들의 행동과 생각에 영향을 미치는 중요한 역할을 맡습니다. 리더십은 단순히 지시하는 것이 아니라, 그룹의 생존과 성공을 위한 조화를 만드는 것입니다. 리더가 없다면 그룹은 결정을 내리지 못하고 정체될 것입니다. 누군가가 주도권을 잡아야 그룹은 앞으로 나아갈 수 있습니다.

　리더십이 필요한 만큼, 팔로워십도 중요합니다. 우리 대부분은 삶의 여러 영역에서 팔로워로 존재합니다. 이를 부정적으로 보아서는 안 됩니다. 저는 이 사실을 제 아내 로리에게서 배웠습니다. 로리는 팔로워십의 가치를 매우 사려 깊게 설명하며, 이것이 리더십만큼이나 중요한 역할을 한다고 말합니다. 팔로워십은 리더를 신뢰하고 따르는 태도를 넘어, 집단이 하나의 목적을 이루기 위해 조화를 이루는 데 중요한 역할을 합니다. 이처럼 리더와 팔로워는 하나의 집단, 나아가 사회에서 반드시 필요한 역할을 이야기하는 것이지 특별한 사람과 그렇지 않은 사람으로 나누는 단어가 아닙니다. 그리고 대부분의 사람이 대부분의 시간 동안 '따르는 역할'을 한다는 점을 생각해보면, '리더십'을 가르치는 만큼, 아니 그보다 더 자주 '팔로워십'을 가르치는 것이 이치에 맞습니다. 따라서 기업이나 조직도 직원과 구성원을 위한 '팔로워십 세미나'를 연다거나, 지속적으로 사내 교육 등을 하는 것이 현명한 방법입니다.

당신은
어떤 리더입니까?

그렇다면 리더십은 어떤 모습으로 나타날까요? 리더십의 자질은 상황과 필요에 따라 다양하게 나타납니다. 어떤 리더는 영감을 주는 데 뛰어나고, 어떤 리더는 명확한 결정을 내리는 데 강합니다. 또 어떤 리더는 일관성과 신뢰를 기반으로 그룹을 이끌기도 합니다. 제가 생각하는 훌륭한 리더는 다음과 같은 자질을 가지고 있습니다.

협력적인 자세: 그룹의 목소리를 경청하고 조화를 이루며, 때때로 자신을 우선시하고 때때로 한발 물러설 줄 아는 능력.

조직력과 자기주장: 구조적이고 명확한 계획을 제시하며, 필요한 순간에는 강한 자기주장으로 방향을 제시하는 능력.

팔로워십의 이해: 리더십과 팔로워십이 함께 작동할 때 비로소 그룹이 제대로 기능한다는 사실을 인지하는 태도.

동의하십니까? 그렇다면 잠깐 글을 읽는 것을 멈추고 한 번 생각해봅시다. 당신은 어떤 리더입니까? 좋은 리더가 되기 위해 어떤 자질을 갖추고 있나요?

대답을 찾았나요? 저도 이런 질문을 많이 받습니다. 제 대답은 늘 같습니다. 저는 사람들에게 영감을 주고 새로운 아이디어를 제시하는 데는 꽤 능숙하다고 생각합니다. 하지만 그게 다입니다. 제가 아주 훌륭한 리더라고는 생각하지 않습니다. 왜냐하면 리더십이라는 것은 다양한 자질의 조합이기 때문입니다. 대부분의 리더는 몇 가지 강점이 있지만, 동시에 부족한 부분도 있습니다. 모든 것을 다 잘하는 리더는 극히 드물지요. 저도 그중 한 사람일 뿐입니다.

그런데 어떤 사람은 정말 다양한 기술에 능숙합니다. 제 아내 로리도 그런 사람 중 한 명입니다. 그녀는 놀라운 리더입니다. 반면에 저는 그렇지 않다는 사실을 꽤 일찍 깨달았습니다. 제가 월드 인 컨버세이션World in Conversation이라는 조직을 키우는 과정에서 뼈저리게 느꼈지요. 처음엔 조직을 성장시키기 위해 최선을 다했지만, 시간이 지나면서 제가 다른 사람의 말을 듣는 데 서툴다는 것을 알게 되었습니다. 멘토 역할에도 관심이 없었고, 팀원들과 원활히 어울리지도 못했지요.

저는 그 조직을 세계 최대 규모의 문화 간 대화를 촉진

하는 비영리단체로 발전시키는 데 크게 기여했습니다. 하지만 동시에 너무 많은 혼란을 일으켜서, 로리가 지원해주지 않았다면 조직은 아마도 무너졌을 것입니다. 그 과정에서 저는 강력한 리더가 되기 위해서는 단지 영감을 주는 것 이상이 필요하다는 것을 배웠습니다. 다양한 리더십 자질이 조화를 이루어야 합니다.

로리는 저와는 전혀 다른 스타일의 리더입니다. 그녀의 리더십에는 제게는 없는 자질들이 녹아 있습니다. 예를 들어, 얼마 전 우리는 지난 30년 동안 함께 일한 사람들을 초청해 펜실베이니아 주립대학교에서 학회를 열었습니다. 전 세계에서 약 150명이 모였는데, 그들이 저 때문에 온 것은 아니었습니다. 그들은 로리 때문에 왔습니다. 로리는 그들과 깊고 진정성 있는 관계를 맺었고, 그 관계는 단순한 일터의 교류를 넘어선 것이었습니다. 저는 그들에게 영감을 주는 리더지만, 저는 로리처럼 그들과 개인적으로 깊은 유대감을 느끼지 못했습니다. 로리는 달랐지요. 그녀는 그들과 진심으로 소통했고, 그들 내면의 중요한 무언가를 건드렸기 때문에 그들이 기꺼이 먼 길을 마다하지 않은 것입니다.

그 학회에서 저 자신에 대해 많은 것을 느꼈습니다. 저는 여전히 큰 그림을 그리고 영감을 주는 역할을 맡지만, 로리처럼 사람들의 마음 깊은 곳에 닿는 방식으로 소통하지는 못합니다. 이 점은 저와 로리의 리더십이 얼마나 다른지 보여주는 동시에, 서로를 어떻게 보완하는지 잘 나타냅니다.

한 가지 흥미로운 점은, 제가 그래도 비교적 좋은 리더가 될 수 있는 이유 중 하나가 스스로 아주 훌륭한 리더라고 생각하지 않기 때문이라는 것입니다. 이상하게 들릴 수 있지만, 제 한계를 명확히 이해한다는 사실이 저를 더 나은 리더로 만들어줍니다. 로리와 함께 일하면서 제 부족한 점을 채우는 방법을 배웠고, 그 덕분에 제 리더십이 더 단단해졌습니다.

리더십은 모든 것을 혼자서 잘해내는 것이 아닙니다. 오히려 자신이 잘하는 부분과 부족한 부분을 정확히 인지하고, 이를 다른 사람들과 조화롭게 연결하는 것이 진정한 리더십의 핵심이라고 믿습니다. 제가 로리에게서 배운 가장 중요한 교훈 중 하나는, 관계의 깊이와 진정성이 리더십에서 얼마나 큰 역할을 하는지 깨닫는 것이었습니다.

저와 로리의 사례는 리더십이 한 가지 방식으로 정의될수 없음을 잘 보여줍니다. 저는 영감을 주고 창의적인 아이디어를 이끌어내는 데 강점이 있지만, 조직적이고 협력적인 부분에서는 로리의 능력을 따라갈 수 없습니다. 반면에 로리는 갈등을 기회로 전환하고, 필요한 결정을 단호하게 내리며, 조직을 안정적으로 이끄는 데 탁월한 능력이있습니다.

좋은 리더가 되기 위해 생각해봐야 할 것들

20대와 30대 초반의 젊은 세대는 앞으로 리더로 성장할잠재력이 있습니다. 그렇다면 리더가 되기 위해 특별히 준비할 수 있는 방법이 있을까요? 리더십 경험이 없는 사람도 리더가 되기 위한 발판을 마련할 수 있을까요? 이에 대한 제 생각은 이렇습니다.

좋은 리더가 되기 위한 첫 번째 능력은 관찰입니다. 고등학교, 대학교, 그리고 사회 초년생 시절, 여러분은 책임

자나 주도적인 역할을 맡지 않을 수 있습니다. 그럴 때일수록 주변 상황을 유심히 관찰하는 것이 중요합니다. 제가 강조하고 싶은 것은 단순히 관찰만 하는 것이 아니라, 지금 이 상황에서 내가 리더라면 무엇을 다르게 했을지 고민해보는 겁니다. 누군가가 여러분에게 "이건 이렇게 해야 해"라고 알려주지 않더라도, 스스로 생각하고 판단하는 연습을 해야 합니다. 사회적 인식, 흔히 '눈치'라고 부르는 능력을 적극적으로 활용하면서도, 자신이 처한 상황에서 더 나은 해결책을 떠올릴 줄 알아야 하지요. 또 사람에 대한 관찰도 필수입니다. 그 과정을 통해 어떤 사람이 어떤 역할에 어울릴지, 어떤 방식으로 커뮤니케이션을 해야 적당할지 판단해야 하니까요.

두 번째로 자신이 팔로워였을 때를 잘 기억했다가 리더가 됐을 때 이를 반영하는 능력입니다. 팔로워였을 때, 어떤 말을 들으면 좋았는지, 어떤 행동이 자신을 더 적극적으로 참여하도록 동기부여가 되었는지 생각해보세요. 팔로워였을 때의 시각과 감정을 기억하는 것이 훌륭한 리더가 되는 데 매우 중요합니다. 리더십의 핵심은 최고의 답변과 아이디어가 나 혼자만의 생각이 아니라 그룹 전체의 협력에서 나온다는 사실을 인식하는 것입니다. 다양한 관점을 받아들이고, 사람들이 스스로의 가치를 느낄 수 있는 환경을 만들어주는 것이야말로 리더의 역할입니다. 이 점은 제가 동료인 로리에게서 배운 중요한 교훈 중 하나이기도 합니다.

그리고 제가 중요하게 생각하는 것이 있습니다. 리더로 성장하는 과정에서 실패는 반드시 경험하게 됩니다. 학교에서 조모임을 하거나 동호회 같은 곳에서 자의든 타의든 리더 역할을 맡게 될 때가 있습니다. 이때 실수를 할 수도 있고, 잘못된 소통 방식이나 지나치게 강압적인 태도를 보일 수 있습니다. 그런데 이런 실패가 당신을 더욱 발전시킬 것입니다. 위대한 리더는 실수를 받아들입니다. 영어 표현으로는 'own up to it' 곧 실수를 인정하고 책임지는 태도를 말합니다.

어떤 직책에서든 실패가 없다면, 여러분은 최선을 다하지 않은 겁니다. 실패는 우리를 가르치고, 성장하게 합니다. 누구나 처음부터 완벽한 리더가 될 수 없습니다. 실패를 통해 배우고, 이를 바탕으로 더 나은 리더가 되어야 합니다.

저도 수많은 실패를 경험했습니다. 제가 대중 강연을 할 때 사람들은 "와, 정말 잘한다!"라고 말합니다. 하지만 그들은 제가 지난 40년 동안 얼마나 많이 실패했는지는 알지 못합니다. 정확하진 않지만 7,000~8,000회 강의를 했는데 그중 몇백 번은 실패했지요. 시간이 지나면서 저는 더 이상 예전처럼 실수를 자주 하지 않게 되었습니다. 왜냐하면 실패를 통해 배웠고, 이제는 무엇을 해야 하고 무엇을 하지 말아야 할지 알기 때문입니다.

리더십도 이와 같습니다. 실패를 통해 자신에게 맞는 리더십 스타일을 찾아가며, 더 이상 불필요한 상황에서 실수를 반복하지 않게 되는 겁니다.

이건 특히 전문가로서의 역할에도 적용됩니다. 교수나 전문가라도 자신의 분야에서 모든 것을 알 수는 없습니다. 그런데도 많은 교수가 학생들 앞에서 '모르겠다'라고 말하기를 꺼립니다. 학생들이 자신을 무능하게 평가할까 봐 두려워하기 때문입니다. 그러나 제가 경험하기로는, 솔직하게 자신의 부족함을 인정할 때 학생들은 오히려 더 큰 존경을 보냅니다.

저는 학생들에게 자주 이렇게 말합니다.

"저는 제 휴대폰보다 똑똑하지 않아요. 제가 모든 것을 기억할 수는 없으니 잠시만 기다려주세요."

또는 학생들에게 "직접 찾아보세요"라고 말하기도 합니다. 우리가 모든 것을 알 수 없다는 점을 인정하면, 사람들과의 관계에서 훨씬 더 진솔하고 신뢰받는 리더가 될 수 있습니다.

더 젊은 세대에게도
그들만의 답이 있다

한국 사회, 특히 역동적인 조직과 그룹에서 흔히 볼 수 있는 문제 중 하나는 수직적인 의사결정 구조와 권력 관계입니다. 보통 권력이나 연공서열, 경험이 많은 사람이 먼저 발언을 하고, 그다음에야 아랫사람이 의견을 낼 기회를 얻습니다. 이런 구조는 종종 하위 집단에 있는 사람이 아무 말도 하지 못하게 합니다. 이들의 침묵은 흔히 '존중'이라는 이름으로 묵인되기도 합니다.

물론 이 구조에는 긍정적인 면도 있습니다. 조직 구성원간에 강한 결속력을 만들어내기 때문입니다. 이는 권력과 연공서열이 더 넓게 공유되는 조직에 비해 확실히 두드러지는 장점이며, 목표를 달성하는 데 유용할 수 있습니다.

하지만 수직적인 조직은 여러 문제를 야기하기도 합니다. 이런 조직에서는 종종 조직의 성공을 이끄는 최선의 선택이 아닌 결정을 받아들이는 일이 발생합니다. 20~30대 젊은 세대는 나이가 많고 경험이 풍부한 사람이 즉각적으로 보지 못하는 것을 발견합니다. 그리고 이들이 제안하는 생각과 아이디어는 의사결정 과정을 더 분산시키면서도 효율적인 운영 방법을 보여줍니다. 우리는 지금 빠르게 변화하는 글로벌 경제에 살고 있습니다.

한번 생각해보세요. 만약 당신이 엔터테인먼트 산업에서 일하는데 젊은 사람들에게 다음과 같은 질문을 하지 않는다면 어떤 일이 벌어질까요?

"요즘 사람들은 어떤 콘텐츠를 보나요?"

"우리는 어떤 영화나 드라마를 제작해야 할까요?"

"10대와 20대 초반에게 어떤 콘텐츠가 매력적일까요?"

"어디에 투자해야 할까요?"

만약 이런 질문을 한국 사회의 젊은 세대에게 묻지 않는다면, 그들의 세계에서 무슨 일이 벌어지는지 어떻게 이해할 수 있을까요? 그들의 세계는 바로 한국 사회의 미래입니다.

물론 젊은 세대가 이전 세대처럼 강한 수직적 권위 구조를 선호하지는 않을 수 있습니다. 하지만 그들은 새로운 것을 봅니다. 그리고 나이 든 사람이 쉽게 알아차리지 못하는 새로운 사회적·경제적 관계의 가치를 발견합니다. 이러한 새로운 시각은 반드시 주목해야 할 변화입니다.

팔로워십은 리더십의 또 다른 모습이다

지금까지는 리더십에 관해 이야기했습니다. 그런데 리더십만큼이나 중요한 또 다른 요소가 있습니다. 바로 '팔로워십followership'입니다. 특히 한국처럼 수직적 문화가 여전히 자리 잡은 곳에서는, 훌륭한 팔로워가 조직 내에서 어떤 가치를 만들어내는지 주목해야 합니다.

팔로워십에 대한 오해는 주로 팔로워를 독창성이 없는

존재로 여기는 데서 비롯됩니다. 그러나 강한 팔로워는 리더의 의도를 이해하고, 그룹의 관계와 흐름을 고려하며 그 의도를 실현하기 위해 행동합니다. 그들은 단순히 리더를 따르는 것이 아니라, 리더가 직면한 문제를 이해하고, 그룹의 목표를 달성하기 위해 조화롭게 협력할 방법을 찾습니다.

그렇다면 저는 어떤 팔로워였을까요? 제 생각에는 그다지 좋은 팔로워는 아니었습니다. 이렇게 생각하는 데에는 몇 가지 이유가 있습니다. 우선 저는 본능적으로 무언가가 어떻게 작동하는지 살피는 성향이 있습니다. 그리고 그것이 어떻게 더 잘, 더 효율적으로 작동할 수 있을지 항상 고민합니다. 그래서 "이렇게 해야 하지 않을까요?" 혹은 "저렇게 하는 게 좋겠습니다"라고 말하고 싶어집니다. 이런 태도는 제가 리더가 되고 싶어 하는 것처럼 보일 수 있습니다. 하지만 저는 리더가 되고 싶은 게 아닙니다. 단지 일을 더 효율적이고 더 나은 방식으로 하고 싶을 뿐입니다.

저의 별자리 특성이나 MBTI 성격 유형(ENTP)을 보면 제가 왜 이런지 이해하실 겁니다. 하지만 문제는 제가 늘 해결책과 개선점을 생각하느라 다른 사람의 말을 듣지 않는 경향이 있다는 것입니다. 왜냐하면 무의식적으로 다른 사람이 새로운 방식을 찾으려 하지 않을 것이라고 가정하기 때문입니다. 물론 이 가정은 틀렸지만, 저는 ENTP로서 항상 질문을 던지고 다른 사람이 보지 못하는 것을 보려 하기 때문에 이런 경향이 생기는 것 같습니다. 그렇다면 '좋은 팔로워'는 무엇을 할까요?

좋은 팔로워는 리더의 권위를 훼손하지 않으면서 자신의 역할을 통해 가치를 더하려고 노력합니다. 그들은 끊임없이 자신에게 질문을 던집니다.

"그룹 목표를 달성하는 가장 좋은 방법은 무엇일까?"

"내가 이 그룹에 긍정적으로 기여할 방법은 무엇일까?"

"내 행동이 그룹 전체에 어떤 영향을 미칠까?"

좋은 팔로워는 항상 적절한 순간을 기다렸다가, 그룹이나 조직이 놓치는 것을 지적합니다. 하지만 그들은 상황의 전개 방식을 통제하려고 하지 않습니다. 그저 자신이 보는 관점을 논의하며, 다른 사람이 자신의 관점을 나누는 과정을 경청합니다. 이는 가족, 직장, 학업 팀에서도 마찬가지입니다. 팔로워는 그룹 구성원 모두가 함께 내린 결정이 가장 좋은 결정이라는 점을 이해합니다.

훌륭한 팔로워는 건강한 자존감을 가져야 합니다. 왜냐하면 그들은 항상 성과를 다른 사람과 공유하기 때문입니다. 잘 운영되는 그룹에서는 모든 구성원이 중요한 역할을 맡았기 때문에 성과가 자연스럽게 공동의 것이 됩니다.

한국 사회에서는 공동체적 사고와 행동이 강조되기 때문에 '좋은 팔로워'로 인정받기가 더 쉽습니다. 한국에서는 리더가 아니어도 의미 있는 경력을 쌓는 것이 가능합니다. 그룹의 일원으로서 조직의 협력과 조화에 기여하는 것이 자연스러운 일이기 때문입니다. 이는 공동체를 중시하는 한국 사회의 독특한 강점입니다. 반면 서양 사회에서는 개인 리더십이 더 강조되기 때문에 팔로워십의 가치를 알아보기 어려울 수 있습니다.

서양 사회에서는 개개인이 명망 있는 직책을 갖는 경향이 강합니다. 대학의 학생 조직만 보더라도 모든 구성원이 각종 직책을 갖는 경우가 많습니다. 예를 들어 '어떤 사안의 부대표' 같은 직책이 수없이 많습니다. 우리는 '리더십 경험이 있다'고 말할 수 있어야 사람들이 리더십에 대해 무언가 안다고 생각한다고 배웁니다.

서양 사회에서는 권력이 수평적으로 조직되는 경향이

있기 때문에 리더가 필요합니다. 수많은 작은 단위가 존재하고, 각 단위는 결정을 내릴 사람이 필요합니다. 이렇게 형성된 것이 서양의 리더십입니다.

한국과 서양 사회의 이런 문화적 차이는 팔로워십의 역할과 가치를 이해하는 데 중요한 배경이 됩니다. 팔로워십은 단순히 리더를 따르는 것이 아니라, 협력과 조화를 통해 더 나은 결과를 만들어내는 과정이라는 점을 잊지 말아야 합니다.

당신은 스스로를
어떻게 리드하는가

지금까지 집단 안에서의 리더십과 팔로워십에 대해 이야기해보았습니다. 우리는 여기에서 한 걸음 더 나아가야 합니다. 리더십이든 팔로워십이든, 그 모든 출발점은 결국 자신을 잘 경영하는 데 있다는 사실입니다. 흔히 리더라고 하면 다른 사람을 이끄는 사람을 떠올리지만, 또 하나의 리더십이 있습니다. 바로 자기 스스로를 잘 이끄는 리더지요.

리더십은 먼저 자신의 내면을 이해하고 자신의 삶을 효과적으로 관리하는 데서 시작됩니다. 스스로를 제대로 이끌 수 없는 사람이 다른 사람을 이끌기는 쉽지 않기 때문입니다. 자신을 경영한다는 것은 자신의 강점과 약점을 정확히 파악하고, 목표를 향해 나아가며, 변화와 성장 과정에서 책임감 있게 선택하고 행동하는 것을 의미합니다.

이런 자신을 경영하는 능력은 단지 개인의 발전에만 그치지 않습니다. 내면적으로 탄탄히 자리 잡은 자기 관리 능력은 그룹 내에서도 강력한 영향력을 발휘합니다. 스스로의 잠재력을 발휘하고, 어려움 속에서도 중심을 잡으며, 다른 이들에게 본보기가 되는 태도는 팀 전체에 긍정적인 변화를 일으킵니다. 타인을 이끌지 않더라도, 자신의 자리에서 충실히 역할을 다하고, 더 나아가 주변 사람에게 영감을 주는 모습은 리더십의 가장 근본적인 태도라 할 수 있습니다.

이렇게 시작해보는 건 어떨까요? 자신을 잘 경영하는 데서부터 리더십을 키워나가는 것입니다. 내면의 리더십을 다지는 순간, 단순히 자신의 삶을 변화시키는 것을 넘어, 자

신이 속한 조직과 더 나아가 세상에까지 긍정적인 영향을

미칠 수 있습니다.

작은 변화라도 자신을 경영하는 것부터 시작한다면, 여러

분은 이미 리더십의 첫걸음을 내디딘 셈입니다.

Chapter 7

관계
Relationship

함께 갈림길을 넘을 때
인연은 필연이 된다

삶은 함께
꾸려가는 과정이다

저는 살아가면서 가장 중요한 질문 중 하나가 '누구와 삶을 함께할 것인가'라고 생각합니다. 관계란 우리의 일상과 감정, 그리고 삶의 방향을 결정짓는 중요한 요소이기 때문이지요. 타인과의 관계에서 자신을 발견하는 인간의 특성상 이 질문은 더욱 중요한 의미가 있습니다. 특히 결혼이라는 관계는 단순히 서로 사랑한다는 이유만으로 유지될 수 있는 것이 아니지요. 사람들은 결혼에 대해 큰 기대를 합니다. 안정감, 행복, 그리고 함께 성장하는 삶. 하지만 과연 이 모든 것이 한 사람과의 관계에서 이루어질 수 있을까요? 결혼은 단순한 약속이나 제도를 넘어서는 것입니다. 그것은 서로의 복잡한 감정과 내면을 이해하고, 함께 성장하기 위해 끝없이 노력하는 과정이 아닐까요?

이번 장에서는 제 삶의 경험과 개인적인 관계 이야기를 바탕으로, 결혼과 인간관계에서 무엇을 중요하게 생각해야 하는지, 그리고 어떤 마음가짐으로 상대를 대해야 하는지 이야기해보려고 합니다. 결혼이나 인간관계는 단순히 행복을 주기 위한 수단이 아니라, 서로를 더 나은 사람으로 만들어가는 여정이라는 사실을 여러분과 함께 나누고 싶습니다.

나의 멘토, 나의 지적 파트너
그리고 나의 사랑

저는 첫 여자친구를 열네 살 때 만났습니다. 그 뒤로 대학시절 진지한 연애를 한 번 했고, 그녀와 결혼했습니다. 결혼은 우리 둘 모두에게 깊이 고민한 결정은 아니었습니다.

우리는 오랜 시간을 함께했고, 제가 살던 곳에서는 아주 저렴하게 아파트를 빌릴 수 있었기 때문에 자연스럽게 함께 살게 되었습니다. 당시 우리는 대학원생이었고, 결혼은 부모님 집에서 나와 공부에 더 집중할 수 있는 방법이었습니다.

하지만 우리는 20대 초반의 어린 나이였고, 인생이 얼마나 긴지, 그리고 상황이나 마음 같은 것이 얼마나 빨리 변하는지 전혀 몰랐습니다. 결혼 후 2년이 지나자 우리는 각자 다른 길을 가고 싶다는 것을 깨달았습니다. 저는 박사 학위를 위해 계속 공부하고 싶었고, 그녀는 다른 도시로 옮겨 새로운 삶의 방식을 경험하고 싶어 했습니다. 아이도 없었고 특별한 재산도 없어서 헤어지는 것은 간단했습니다. 우리는 헤어졌지만 지금까지도 여전히 친구로 지내고 있습니다. 우리의 관계는 항상 좋았고, 그녀와 함께한 시간은 정말로 소중했습니다. 하지만 저는 제 방식대로 세상을 탐험하고 싶었고, 그녀 역시 자신의 길을 찾고 싶어 했습니다.

그러다 스물다섯 살이 되던 해, 저는 로리를 만났습니다. 당시 그녀는 스물한 살이었고, 우리 둘 다 어떤 형태의 관계에도 특별히 관심이 없었습니다. 특히 그녀는 얼마 전긴 연애를 끝낸 상태였고, 싱글의 삶을 경험하고 싶어 했기 때문입니다. 하지만 인생은 항상 예기치 않은 방향으로흐르는 법이고, 우리는 서로 마음의 문을 조금씩 열면서천천히 사랑에 빠졌습니다. 그게 40년 전의 일입니다.

로리와 저는 그 후 3년 동안 각자 자신만의 자리와 길을찾아갔습니다. 저는 여행을 많이 다녔고, 그녀는 일을 하며 공부했습니다. 우리는 각자의 내면적 욕구를 충족시키기 위해 중요한 결정을 내렸습니다. 서로에게 의지하기보다는 자신 안에서 답을 찾으려 노력했습니다.

우리를 이어준 것은 바로 질문을 끊임없이 던지는 습관이었습니다. 로리는 특히 자신의 개인적 여정과 자신이 무엇을 느끼는지 생각하는 것을 좋아했습니다. 그녀는 스스로에게, 그리고 저에게도 계속해서 질문을 던졌습니다. 그러다 보니 저도 제 마음과 삶의 심리적 측면을 즐기기 시작했습니다. 그래서 로리와 함께 시간을 보내는 것을 점점더 좋아하게 되었습니다.

로리는 제가 그녀의 삶에 새로운 세상을 가져다준다는것을 매우 좋아했습니다. 제가 던지는 질문들을 그녀도 던지기 시작했고, 그래서 우리는 사회학적 세계를 함께 탐구하는 대화와 사고의 동반자가 되었습니다. 이 사회학적 세계는 제게 너무도 큰 흥미를 주는 영역이었습니다.

당시 저는 제 멘토처럼 학자가 되고 싶었습니다. 삶의 신비를 가능한 한 모든 수준에서 탐구하는 사람이 되고 싶었고, 그런 탐구를 함께할 준비가 된 사람과 평생을 보내는 것이 더 쉬울 거라 느꼈습니다. 그래서 사고가 유연하고, 모든 것을 깊이 파헤칠 준비가 된 사람을 만나고 싶었습니다. 이건 제게 정말 중요한 부분이었습니다.

또한 저는 소통할 수 있는 사람을 원했습니다. 로리는 대화를 아주 좋아합니다. 우리 관계의 첫 2~3년 동안, 데이트를 하면 저렴한 식당에 가서 마주 보고 앉아 대화만 나누었습니다. 우리는 영화나 연극을 보거나, 한 방향을 바라봐야 하는 활동보다는 항상 서로 마주 앉아 이야기하는 것을 더 좋아했습니다. 당시 형편이 넉넉지 않았기에 이런 만남은 경제적이기도 했지만, 더 중요한 건 우리가 복잡한 지적, 심리적, 그리고 개인적인 주제에 대해 이야기하는 것을 피하지 않았다는 점입니다. 이 습관은 우리의 관계를 지속하는 데 중요한 역할을 했습니다.

저는 진화하는 지성을 가진 사람, 틀에 얽매이지 않는 사고를 하는 사람을 찾고 싶었을 뿐만 아니라, 윤리와 도덕을 존중하고 친절함을 소중히 여기는 사람을 원했습니다. 저는 본질적으로 친절한 사람이고, 그래서 저와 비슷한 성향의 사람과 함께해야 했습니다. 로리는 당시에도, 그리고 지금도 사려 깊고 좋은 사람입니다.

우리가 평생을 함께하기로 한 단 하나의 결정을 내린 것은 아니었습니다. 다만 서로에게 너무 흥미로운 대화를 멈출 수 없었기 때문에 자연스럽게 인생을 함께할 수 있게 되었지요.

우리는 모두
자신만의 기준이 있다

로리와 저는 어떻게 만났을까요? 사실 그녀는 제 학생이 었습니다. 저는 막 박사 과정을 시작했을 때였고, 그녀는 학부 과정을 마무리하던 시기였습니다. 우리는 나이 차이도 네 살밖에 나지 않았지요. 어느 날, 그녀는 제 수업이 마음에 들지 않는다며 제 사무실로 찾아왔습니다. 그녀는 대학 생활 내내 한 번도 교수나 강사의 사무실에 가본 적이 없는데, 그날 제게 이렇게 말했습니다.

"제 수업이 마음에 들지 않아요. 수업이 제 삶에 긍정적인 영향을 줄 거라고 하셨는데, 저한테는 아무 변화도 없어요."

저는 그녀의 이야기를 듣고 이렇게 대답했습니다.

"맞아요. 일리 있는 말이에요."

그녀는 제가 진지하게 그녀의 이야기를 듣고 받아들일 거라고는 전혀 예상하지 못했지만, 저는 그녀의 지적이 정말로 옳다고 생각했습니다. 그녀는 제가 자주 모순되는 말을 한다고 지적했고, 그래서 제 수업을 따라가기 어렵다고 말했습니다. 그녀의 말은 사실이었습니다. 당시 저는 수업에서 서로 다른 관점을 보여주기 위해 노력했기 때문입니다. 저는 강단에서 1년 반 정도밖에 경험이 없는 초보 강사였고, 아직 저만의 방식과 균형을 찾는 중이었습니다.

그 후, 그녀는 저에게 매우 흥미로운 질문을 던지기 시작했습니다. 저는 그녀가 묻는 몇 가지 질문에 답하지 못할 정도로 깊이 있는 대화를 하게 되었습니다. 로리는 자신의 내면을 깊이 탐구하고 심리적으로 사고하는 놀라운 능력이 있는데, 이는 제가 그동안 익숙했던 방식과 완전히 달랐습니다. 그녀는 내면의 탐구자였고, 저는 외부 세계의 탐구자였습니다.

그녀는 제가 한 번도 생각해보지 못한 질문들을 던졌고, 반대로 저는 그녀가 더 큰 정치적, 사회학적 아이디어를 탐구할 수 있도록 도왔습니다. 처음부터 우리의 대화는 자연스럽게 서로 주고받는 방식으로 이루어졌습니다.

오늘날까지도 로리는 제가 받는 어떤 질문보다 특별한 질문을 던지는 유일한 사람입니다. 그녀는 제게 감정적이고 심리적인 내면을 탐구하는 법을 가르쳐주었고, 저는 그녀에게 세상과 문화를 탐구하는 방법을 가르쳐주었습니다. 그녀는 제 지적 동반자이자 멘토이며, 저도 그녀에게 그런 존재입니다. 우리는 서로에게 매우 높은 기준을 가지고 있는데, 그건 경쟁하려는 것이 아니라 서로가 성장하고 더 나은 사람이 되도록 돕기 위해서입니다. 우리는 항상 상대방이 놓치는 것이 무엇인지 찾으려 노력합니다.

우리가 관심을 가지는 것에 대해 모르는 것이 있거나, 어떤 정보를 놓치고 싶지 않기 때문에 우리는 항상 서로 다른 관점에서 세상을 바라보도록 격려합니다. 이런 방식으로 서로를 자극하며 아주 깊은 관계를 유지해왔습니다. 만약 로리가 없었다면 제가 지금 어디에 있을지 상상할 수조차 없습니다.

로리와의 관계를 통해 저는 아주 중요한 사실을 깨달았습니다. 타인과의 관계뿐만 아니라 자기 자신을 대하는 데에도 분명한 기준이 필요하다는 점입니다. 이 기준은 단순히 이상적인 파트너를 찾는 데 그치지 않고, 우리가 어떤 사람이 되고자 하는지 방향성을 제시합니다. 물론 이 기준에 정답이 있는 것은 아닙니다. 각자 자신만의 기준을 세우는 것이 중요하지요.

따라서 어떤 사람과 함께할 것인가에 대한 기준은 세상 사람의 수만큼 다양할 수 있습니다. 자신이 어떤 사람과 함께하고 싶은지, 그리고 그 사람과 어떤 인생을 만들어가고 싶은지 깊이 생각하는 것이 우선입니다. 저 역시 이러한 기준을 새롭게 정립했고, 그것이 저와 로리가 함께 관계를 쌓아가는 데 중요한 토대가 되었습니다.

함께 갈림길을 넘을 때
인연은 필연이 된다

관계는 항상 아름다움과 도전을 동시에 품는 것 같습니다. 특히 서로 다른 꿈과 목표가 있는 두 사람이 만나 사랑에 빠질 때 더더욱 그렇습니다. 어떤 두 사람도 모든 희망과 꿈을 완전히 공유할 수는 없습니다. 그래서 모든 관계에는 필연적으로 갈등이 생길 수밖에 없습니다. 로리와 저는 연애 초기부터 여러 갈등을 겪었습니다. 왜냐하면 둘 다 각자의 여정에 대한 확신이 강했기 때문입니다. 개인적인 목표와 방향성이 다르다 보니 서로 차이가 날 수밖에 없었지요.

우리가 처음 데이트를 했을 때, 서로에게 강한 유대감이 있음을 느꼈습니다. 하지만 그와 동시에 저는 여행을 떠날 준비를 하고 있었습니다. 제 계획은 앞으로 3~4년 동안 라틴아메리카를 오가며 연구에 몰두하고 최소 1년은 현지에서 살아보는 것이었지요. 멕시코, 중앙아메리카, 에콰도르를 탐험하며 혼자서 깊이 있는 연구를 하고 싶었습니다. 이는 제 꿈이었고, 제 정체성의 중요한 부분이었어요.

하지만 로리는 저와는 정반대의 사람이었습니다. 그녀

는 여행자가 아니었고, 우리가 처음 만났을 때까지 미국 밖으로 나가본 적이 없었습니다. 그녀에게는 가족과 친구, 익숙한 환경을 떠나 다른 나라로 간다는 개념 자체가 이해하기 어려운 일이었지요. 그래서 우리가 서로 사랑에 빠졌을 때, 자연스럽게 갈등이 생겼습니다. 저는 멋진 사람과 사랑에 빠졌다는 걸 알았지만, 동시에 제가 떠날 계획이라는 것도 알고 있었어요. 로리 입장에서는 이미 떠날 계획이 있는 사람과의 관계에 자신을 투자해야 하는 이유를 찾기 어려웠을 겁니다.

이 갈등은 쉬운 해결책이 없었습니다. 단순히 "몇 년 후에 돌아올게요. 기다려줘요"라고 말할 수 있는 상황이 아니었지요. 저의 여행은 단기간의 모험이 아니라 장기적인 연구와 탐험을 포함하고 있었고, 그 시간과 거리는 로리에게 큰 장벽으로 느껴졌을 겁니다.

그럼에도 우리는 이 문제를 해결하기 위한 방법을 찾았습니다. 로리는 두려움과 망설임을 느꼈지만, 제가 꿈을 추구하는 것을 지지하기로 결정했습니다. 그녀가 보여준 이 결정은 단순히 연인이 아니라, 진정한 동반자로서의 모습을 드러낸 순간이었습니다. 그때 저는 우리가 단순히 서로 사랑하는 관계를 넘어, 함께 도전을 헤쳐나갈 수 있는 관계의 토대를 만들기 시작했다고 느꼈습니다.

이 갈등을 해결하기 위해 로리와 저는 상담을 받으러 갔습니다. 로리는 상담사가 저에게 "왜 로리를 두고 떠나려는 거예요?"라고 물을 것이라고 생각했을 겁니다. 하지만 상담사는 전혀 다른 질문을 던졌습니다. "로리, 왜 떠나려는 남자와 함께하려는 거예요? 당신은 처음부터 그가 떠날 거라는 걸 알고 있었잖아요. 그런데도 이 관계를 선택한 이유는 무엇인가요? 그것이 당신에게 어떤 의미가 있나요?"

이 질문은 우리 둘에게 커다란 변화를 가져다준 순간이었습니다. 로리는 왜 이 관계를 선택했는지 깊이 탐구해야 한다는 것을 깨달았고, 독립에 따른 도전을 스스로 마주해야 한다는 것을 이해하게 되었습니다. 그리고 저는 그녀를 떠나는 데 느끼던 죄책감을 내려놓을 수 있었습니다.

상담을 하면서 저는 이 관계가 저에게 무엇을 의미하는지, 그리고 왜 로리를 선택했는지 훨씬 깊이 이해할 수 있었습니다. 저는 더 가정 중심적인 사람과 함께 있어야 했습니다. 저는 쉽게 "내 꿈을 이해하지 못하는 사람과는 함께

할 수 없다"고 말할 수도 있었을 겁니다. 하지만 로리는 제 꿈을 이해했고, 그 꿈이 어디에서 비롯되었는지 제가 깨닫게 도와주었습니다. 덕분에 우리는 서로에 대한 존중과 지지를 바탕으로 함께 성장할 방법을 찾아낼 수 있었습니다.

그리고 저는 진정한 관계란 갈등을 회피하거나 한쪽이 희생하는 것이 아님을 깨달았습니다. 진정한 관계는 서로의 차이를 이해하고, 그 차이를 인정하며, 나아가 그 차이를 넘어 함께 성장하기 위해 최선을 다하는 것입니다.

그 선택이 당신을 진정으로 행복하게 해주는가

어떤 사람에게 관계와 결혼은 삶에서 '레벨 업'을 하는 수단으로 여겨지기도 합니다. 경제적 안정, 집안 배경, 혹은 경력을 위해서 말이지요. 이런 관점을 비난할 수는 없습니다. 더 높은 사회적 지위를 추구하려는 것은 인간의 자연스러운 욕구니까요. 하지만 가끔 저는 이런 사람들이 관계에서 가장 중요한 것 중 하나를 놓치고 있는 게 아닐까 생각합니다.

여기서 중요한 질문은 이것입니다. 우리가 인생의 동반자를 선택할 때, 그 선택이 정말로 지금보다 더 행복하게 해줄 수 있을까요? 예를 들어, '레벨 업'이라는 목표에 지나치게 집중하다 보면, 자신에게 완벽한 사람이 사회적 지위가 더 낮을 가능성을 놓칠 수도 있습니다. 때때로 나를 가장 편안하고 안전하게 느끼게 해주는 사람이 반드시 나보다 지위가 높거나 나와 같은 수준이 아닐 수도 있습니다. 하지만 이 점을 깨닫지 못하게 하는 사회적 압박이 존재합니다.

물질적 유혹은 강력합니다. 반짝이는 에메랄드를 보면 가지고 싶어지는 건 당연합니다. 하지만 주의해야 합니다. 그런 목표가 실제로 우리에게 적합하지 않을 수도 있기 때문입니다. '레벨 업'을 추구하는 과정에서 우리는 문화가 강조하지 않는 방식으로 반짝이는 상대방의 가치를 간과할 수 있습니다. 이것은 외모에 대한 관점이나 외모에 부여하는 중요성에도 동일하게 적용됩니다.

우리는 이 세상에서 한정된 시간 동안 살아갑니다. 그리고 인생의 동반자를 선택할 때, 그 사람은 우리가 남은 삶의 상당 부분을 함께할 사람이 됩니다. 그렇기 때문에 올바른 선택을 하는 것이 매우 중요합니다. 잘못된 선택은 우리를 불행으로 몰아넣거나, 스스로 최선의 모습이 되도록 영감을 주지 못하는 가정을 만들 수 있습니다.

이것이 제가 로리를 선택한 이유입니다. 우리가 함께 살기로 결심했을 때, 서로가 상대방에게 진정으로 영감을 주고 특별한 모습을 이끌어낼 수 있는 사람이라는 것을 알고 있었습니다.

저는 한국에서 결혼 정보 회사들이 얼마나 체계적이고 정교한지 들어본 적이 있습니다. 경제적 능력, 집안 배경, 학력, 심지어 대학 순위까지 점수화하는 접근 방식은 결혼을 하나의 계산된 선택으로 여기는 경향을 보여줍니다. 하지만 이는 단지 한국만의 특징은 아닙니다. 전 세계적으로도 점점 더 많은 사람이 온라인이나 비슷한 서비스를 통해 배우자를 찾기 때문입니다.

이런 결혼 정보 서비스는 많은 사람에게 새로운 사람을 만날 기회를 제공하므로 분명 가치가 있습니다. 결혼 상대를 찾는 과정을 훨씬 쉽게 해주지요. 하지만 너무 많은 선택지는 혼란을 초래할 수도 있습니다. 관계를 단순히 계산적인 선택으로 여기게 할 가능성도 있습니다. 이는 TV 채널이 너무 많을 때와 비슷합니다. 무엇을 시청할지 결정하기 어렵고, 다른 채널에 더 좋은 프로그램이 있을 것 같다는 생각을 떨칠 수 없는 것처럼 말이지요. 선택지가 많아질수록 결정하기 더 어려워질 수 있습니다. 때때로 단순함이 더 명확한 선택을 이끌어냅니다.

저는 '우리 모두에게 완벽한 단 한 사람만 존재한다'는 낭만적인 믿음에는 동의하지 않습니다. 저는 로리가 아닌 다른 수많은 사람 중 누구와 결혼했더라도 행복했을 수 있고, 로리도 마찬가지일 겁니다. 우리가 지금 함께 있는 것은 운명적인 만남이라기보다 우리가 함께 내린 선택과 노력의 결과입니다.

관계의 모습은
모두 다르다

한국에서는 결혼을 단순히 두 사람의 연결이 아니라, 두 가족의 결합으로 여깁니다. 이는 전 세계 대부분의 문화에서 그렇습니다. 서양, 특히 미국과 유럽에서도 가족 간의 연결은 여전히 중요합니다. 하지만 개인적인 삶의 깊이를 추구하며 타인과의 진정성 있는 소통을 원한다면, 때때로 전통적인 관습에서 벗어나 새로운 접근 방식을 모색해야 합니다.

가족의 기대를 충족시키는 결혼이 '좋은 인연'을 가져다 줄 수 있긴 하지만, 여기에는 운의 요소가 크게 작용합니다. 두 사람의 영혼이 진정으로 연결되고 성장할 수 있는 관계를 만들어가는 과정은 쉽지 않기 때문입니다. 그렇기에 개인의 독립성과 함께 건강한 관계의 균형을 유지하는 것이 중요합니다. 관계는 단순히 두 사람만의 문제가 아닙니다. 관계에는 세 가지 실체가 존재합니다. 나 자신, 파트너, 그리고 관계 자체입니다. 이 세 가지는 각각 소중하게 다뤄져야 합니다.

첫째, 개인은 자신의 욕구와 기대를 충족시켜야 합니다. 둘째, 파트너와의 관계에서 서로 배려하고 이해해야 합니다. 마지막으로, 관계라는 독립된 실체를 성장시키는 데도 힘써야 합니다. 이 세 가지 중 하나라도 소홀히 하면 관계는 쉽게 무너질 수 있습니다.

저와 제 아내 로리에게 독립성과 함께 관계를 유지하는 것이 쉬운 일만은 아니었습니다. 우리는 서로 좋아하고 함께 있는 것을 즐겼지만, 각자 개인으로서 성장할 시간을 확보하기 위해 의식적으로 노력해야 했습니다. 이런 노력이 있었기에 우리는 더 깊고 건강한 관계를 유지할 수 있었습니다.

이혼에 대한 사회적 시각은 문화에 따라 다릅니다. 한국에서는 이혼에 낙인이 찍히는 경우가 많아, 이혼한 사람이 마치 다시는 관계를 맺을 수 없는 사람처럼 여겨지기도 합니다. 반면 미국에서는 이혼이 더 흔하고 자연스러운 일로 여겨집니다. 이는 두 사람만의 결합이 아니라 두 가족의 결합으로 여겨지는 문화적 차이에서 비롯되었는지도 모릅니다.

제 첫 번째 결혼은 제게 큰 의미가 없었기 때문에 끝내는 것도 간단했습니다. 하지만 로리와의 관계는 완전히 다릅니다. 우리는 이 관계에 많은 에너지를 쏟아부었고, 서로 깊이 얽혀 있습니다. 만약 우리가 헤어진다면 단순히 관계만 잃는 것이 아니라, 삶, 일, 그리고 놀이까지 얽혀 있는 두 삶 전체를 잃게 될 겁니다.

제가 지금 하고 있는 결혼을 '통합된 결혼integrated mar-riage'이라고 부르고 싶습니다. 이런 결혼 방식은 모두에게 맞는 것은 아닙니다. 왜냐하면 어떤 사람은 자신만의 공간이 더 많이 필요하기 때문입니다. 아마 대부분의 사람은 통합된 관계가 주는 긴밀함보다는 더 많은 개인적 공간이 필요할 것입니다. 이 결혼은 단순히 같은 공간을 공유하거나 피상적인 관심사를 나누는 것을 넘어섭니다. 진정한 친구가 되고, 서로의 삶을 온전히 공유하는 데 초점이 맞춰져 있습니다.

물론 모든 커플이 이런 유형의 관계를 추구할 필요는 없습니다. 하지만 두 사람이 서로에게 지나치게 의존하지 않고, 진정으로 깊이 연결된 삶을 원한다면 이런 관계는 충분히 추구할 가치가 있습니다. 다만 이런 관계를 유지하려면 서로 소통하고 이해하는 수준이 매우 높기 때문에 '통합'을 유지하는 일은 결코 쉽지 않을 수 있습니다.

통합된 결혼을 원하는지 그렇지 않은지 알고 싶다면, 이런 질문을 상대에게 던져보세요.

"더 할 이야기가 있을까? 우리가 함께할 더 많은 일이 있을까?"

만약 함께 나눌 주제를 계속 찾아내고 서로에게 공유하려는 의지가 있다면, 당신은 아마도 더 통합된 관계에 있을 가능성이 높습니다. 반대로 더 이상 새로운 주제에 관심을 두지 않거나 상대와 공유하고 싶은 마음이 없다면, 아마도 당신은 '병렬적 관계parallel relationship'를 경험하고 있을 것입니다. 병렬적 관계는 두 사람이 각자 다른 길을 걷는 관계입니다. 두 길은 가끔 교차하지만, 그 교차점은 집안일, 자녀 양육, 혹은 저녁 식사 계획 같은 실질적인 일을 다룰 때만 이루어집니다.

병렬적 관계의 사람이 덜 행복하다고 말할 수는 없습니다. 다만 그들은 배우자와 덜 연결되어 있을 뿐입니다. 그렇기 때문에 배우자의 기대와 감정, 인생에 대한 관점이 나와 다르더라도, 그 사람을 있는 그대로 보고, 왜 그 사람을 선택했는지 생각해봐야 합니다. 결국 서로의 기대와 생각을 이해하려는 노력이 풍부하고 더 의미 있는 관계를 만드는 첫걸음이 될 수 있습니다.

한 가지 덧붙이면, 저는 대체로 여성이 통합된 결혼에 대한 욕구가 더 크고, 이를 선택했을 때 기대치도 더 높다고 생각합니다. 평균적으로 보면 그렇습니다. 대부분의 사람은 사랑에 빠진 순간의 감정을 결혼 생활 내내 유지하고 싶어 하지만, 여성이 그런 경향이 더 강하다고 생각합니다. 이는 사회적 요인뿐만 아니라 생물학적 요인도 일부 작용한 결과일 수 있습니다. 여성이 남성보다 통합된 관계로 조금 더 끌리는 데는 이런 배경이 있을 것입니다.

물론 이것은 저의 개인적인 관찰일 뿐이며, 모든 관계가 다릅니다. 하지만 한국에서도 비슷한 경향이 나타날 가능성이 있다고 생각합니다. 흥미로운 점은 이러한 차이를 이해하고 받아들이는 과정 자체가 관계를 더 깊이 이해하는 계기가 될 수 있다는 것입니다. 결국 이런 차이를 탐구하고 받아들이는 일이 더 깊고 의미 있는 관계로 나아가는 길이 될 수 있습니다.

누구나 저마다의 속도가 있다

관계에서 가장 중요한 요소 중 하나는 두 파트너가 함께 성장하고 성숙하며 진화할 수 있는 환경을 만드는 것입니다. 이는 결코 동일한 속도나 방식으로 이루어지지 않습니다. 각자는 예측할 수 없는 방식으로 변하고 성장하며, 이 과정에서 관계가 어떻게 변할지 알 수 없습니다. 그렇기 때문에 서로의 여정을 존중하고, 신뢰와 정직, 개방성을 바탕으로 관계를 지속적으로 지지하는 것이 중요합니다.

제가 라틴아메리카를 여행하면서 로리와 장거리 관계를 이어갔을 때, 우리는 끊임없이 대화했습니다. 만약 우리가 표면적인 만남에만 의존했다면, 아마도 관계를 지속하지 못했을 것입니다. 이러한 대화는 나중에 우리가 직면한 더 큰 도전들을 극복하는 데에도 중요한 역할을 했습니다.

결혼 생활에서 가장 큰 도전 중 하나는 서로 다른 비전과 목표를 조율하는 것입니다. 12~15년 전, 저는 우리의 조직을 글로벌 규모로 확장하고 싶다는 큰 비전을 품고 있었습니다. 하지만 로리는 이를 원하지 않았습니다. 그녀는 더 단순하고 현실적인 방향을 선호했지요. 이때 우리 관계는 일종의 위기 상황에 놓였고, 우리는 이 위기를 극복하기 위해 끊임없이 대화하고 타협점을 찾아야 했습니다.

그 과정은 살얼음 위를 걷는 것과 같았습니다. 때때로 서로의 입장을 완전히 이해하지 못한 채 불안정한 상태에서 대화를 이어가야 했습니다. 되돌아보면 그 시기는 정말로 힘들고 스트레스가 컸습니다. 우리는 마치 벼랑 끝에 서 있는 듯한 느낌을 받았고, 서로에게 이런 질문을 했습니다. "이 관계가 정말 지속 가능할까?"

하지만 우리는 대화를 멈추지 않았고, 서로에게 수많은 질문을 던졌습니다. 정말 많은 질문이 오갔습니다. 그 결과 이 '위기'는 단순히 힘든 시기를 넘는 것에 그치지 않고, 서로를 더 깊이 이해하게 해주었으며, 우리의 관계를 더욱 강하게 만들어주었습니다.

관계란 단순히 안정된 상태로 머무르는 것이 아니라, 끊임없이 성장하고 변화하는 과정에서 함께하는 여정을 만들어가는 것입니다. 누구나 저마다의 속도가 있지요. 이러한 여정에서 더 깊은 이해와 사랑을 발견할 수 있습니다.

결혼은
필수가 아니다

한국에서 결혼 연령이 점점 높아진다는 것은 단순히 통계로만 보아도 명확한 변화입니다. 하지만 이는 한국만의 현상이 아니라, 전 세계적으로도 비슷한 흐름이 나타납니다. 특히 대학생을 보면, 연애를 진지하게 고려하기보다는 일단 커리어를 안정시키고 나서 장기적으로 함께할 사람을 찾겠다고 생각하는 사람이 많습니다.

이러한 변화는 단지 개별적인 선택이 아니라 급변하는 세계가 만들어낸 구조적 변화의 일환입니다. 과거처럼 10대 후반이나 20대 초반에 자연스럽게 파트너를 만나 결혼을 준비하던 시대는 이미 지나갔습니다. 오늘날의 젊은 세대는 교육, 경제적 자립, 그리고 자아실현 같은 다양한 요소를 우선적으로 고려하며, 이는 결혼 연령이 높아지는 주요 이유 중 하나입니다.

그렇다면 이러한 긴장감은 단순히 한국 사회의 문제일까요? 아닙니다. 이 현상은 전 세계 수억 명의 젊은이가 겪는 공통된 현실입니다. 결혼과 연애에 대한 변화된 태도는 현대 사회의 구조적 문제와도 깊이 연관되어 있습니다. 그러니 한국의 기성세대가 이를 '우리만의 문제'로 여기지 않아도 됩니다.

젊은 세대가 결혼을 미루는 현실을 기성세대가 어떻게

받아들여야 할까요? 오늘날의 경제적·사회적 구조는 독립적인 가정을 꾸리는 것을 점점 더 어렵게 합니다.

예를 들어, 서울에서 아파트를 구매하거나 월세를 구하려면 재정적 부담이 상당히 큽니다. 연애 중이거나 결혼 후 서울에서 함께 살려면, 새로운 거주지를 찾는 일이 쉽지 않습니다. 만약 더 저렴한 집을 찾아 도시 외곽으로 이사를 간다면, 하루에 두세 시간씩 출퇴근에 소비하게 될 수도 있습니다. 이런 현실은 젊은 세대가 결혼을 고민할 때 직면하는 주요한 장애물 중 하나입니다.

이러한 문제는 사람들이 '병렬적 결혼parallel marriage'으로 정착하게 되는 가능성을 더욱 높입니다. 왜냐하면 집값이나 물가가 비싼 도시에 살기 위해 여러 가지 문제를 해결해야 하고, 그 과정에서 내려야 할 결정이 너무 많기 때문입니다. 이러한 상황은 서로 깊이 연결된 결혼보다는 단순히 실용적이고 병렬적인 관계로 이어지기 쉽습니다.

이 문제를 해결하려면 단순히 개인의 노력이 아니라, 경제적·사회적 시스템의 근본적인 변화를 모색해야 합니다. 오늘날의 사회는 일찍 결혼해 가정을 꾸리는 것을 어렵게 하는 구조로 작동하고 있습니다. 따라서 이러한 압박감은 개인의 문제가 아니라 사회적 구조가 만들어낸 결과라는 점을 인식해야 합니다. 결혼이란 개인의 선택이자 삶의 중요한 단계 중 하나일 뿐입니다. 하지만 그 선택은 현대 사회의 경제적 현실, 주거 문제, 그리고 자아실현에 대한 고민과 밀접하게 연결되어 있습니다.

결혼은 더 이상 단순히 성인이 되는 필수적인 과정이 아닙니다. 오히려 자신이 원하는 삶을 찾고, 이를 이루어가는 과정 중 한 부분일 뿐입니다. 따라서 젊은 세대가 결혼을 미루거나 독립적인 삶을 우선시하는 것을 부정적인 시각으로 바라보아서는 안 됩니다.

관계를 지속하는 것만큼 지속하지 않는 용기도 필요하다

지금까지 제 경험을 바탕으로 건강한 관계에 대해 이야기해왔습니다. 건강한 관계를 구축하는 가장 중요한 출발점은 스스로에게 정직해지는 것입니다. 만약 상대방에게 신뢰하거나 존중하지 못하는 부분이 있다면, 그 사실을 솔직히 드러내야 합니다. 자신의 감정을 숨기고 억누르는 것은 좋은 파트너가 되는 데 전혀 도움이 되지 않습니다. 오히려 두 사람 사이에 보이지 않는 벽을 쌓아 결국 관계를 해치게 될 것입니다.

로리와 저는 사소한 짜증이나 불만조차 무시하지 않았습니다. 우리는 모든 문제를 이야기했고, 아주 솔직하게 소통했습니다. 지금도 이런저런 문제에 대해 끊임없이 대화합니다. 왜냐하면 작은 문제들이 큰 갈등으로 번질 가능성이 높다는 것을 배웠기 때문입니다. 우리는 서로에게 느끼는 감정을 나누며, 100% 솔직해지는 법을 익혔습니다. 이것이야말로 건강한 관계의 핵심입니다.

좋은 파트너가 되기 위해서는 나 자신이 누구인지, 무엇을 원하는지, 그리고 상대방과의 관계에서 무엇이 중요한지 명확히 이해해야 합니다. 만약 이러한 과정을 통해 관계에서 진정으로 만족하지 못한다면, 그 관계를 지속하지 않는 용기도 필요합니다. 건강한 관계는 상호 존중과 정직함에서 시작됩니다.

이를 잘 보여주는 예로, 로리와 저의 차이를 들어보겠습니다. 저는 하루 종일 제 모습을 어떻게 보일지 고민하지 않고 살아갑니다. 지금 이 글을 쓰는 순간에도 머리를 빗지도 않고, 거울조차 보지 않은 상태입니다. 아침에 일어나자마자 사무실로 와서 일을 시작했으니까요.

반면 로리는 집을 나가지 않는 날에도 자신을 돌보는 데 신경을 씁니다. 그녀는 화장을 거의 하지 않지만, 매일 밤 보석을 빼고 아침에는 그날의 기분과 의상에 맞춰 다른 보석을 착용합니다. 로리에게 외모는 단순히 누군가에게 잘 보이기 위한 것이 아닙니다. 그녀는 자신의 몸을 마치 예술 작품을 위한 캔버스처럼 여기고, 이를 통해 자신을 표현하는 예술적 방식이라고 생각합니다.

반면에 저는 종종 점심시간이 될 때까지도 머리를 빗는 것을 깜빡합니다. 그러면 로리가 저를 보고 "그렇게 하고 집을 나갈 거예요?"라고 말해요. 저는 "아, 미안해요"라고 사과합니다. 왜냐하면 제 머릿속은 항상 생각들로 가득 차 있기 때문입니다.

로리는 외모와 자기표현을 중요하게 여기는 환경에서 자랐고, 옷과 헤어스타일링을 하나의 예술로 여겼습니다. 저는 그녀가 정말로 예술가라는 점에서 이를 매우 존중합니다. 이런 가치는 그녀의 어머니가 심어준 것이고, 로리는 이를 자연스럽게 자신의 삶에 녹여내고 있습니다. 저는 그런 환경에서 자라지 않았기 때문에 제 삶의 방식은 완전히 달랐습니다.

이런 차이를 보며 저는 로리의 자기표현 방식을 깊이 존중하게 되었습니다. 그녀가 자신을 표현하는 방식은 마치 뛰어난 예술가가 만든 작품을 보는 듯한 즐거움을 줍니다. 동시에 저 같은 사람과 결혼해 이런 부분을 참아주는 로리에게 미안한 마음도 듭니다. 이런 차이를 인정하고 대화로 풀어나가는 것이 중요합니다. 서로 다른 삶의 방식을 이해하고 존중하며, 소통을 통해 조율해나가는 과정이 건강한 관계를 만들어갑니다.

건강한 관계를 유지하는 데 가장 중요한 것은 '존중'입니다. 저는 로리를 의도적으로 무시하거나 깎아내릴 생각을 한 번도 해본 적이 없습니다. 다시 말해, 의식적으로 그런 행동을 하지 않습니다. 저는 항상 이렇게 생각합니다.

'이 사람은 정말 훌륭한 인간이고, 나는 그녀가 행복하길 바란다. 내가 원하는 것을 얻지 못하더라도 그녀를 위해 최선을 다하고 싶다.'

물론, 우리 모두는 결점이 있습니다. 어쩌면 그 결점 때문에라도 상대방을 존중하는 것이 중요합니다.

두 번째로 중요한 것은 '정직'입니다. 사소한 거짓말이라도 관계에 해를 끼칠 수 있습니다. 거짓말은 아무리 작아 보여도 바이러스와 같아서 관계를 약화시키는 힘이 있습니다. 따라서 정직은 절대적으로 중요한 요소입니다.

세 번째로 중요한 것은 '소통'입니다. 의사소통이 어렵거나 수줍음이 많은 사람이라면, 글이나 다른 방법으로 자신의 생각과 감정을 표현할 방법을 찾아야 합니다. 두려울 때도 개인적인 문제에 솔직해져야 하며, 가까운 사람들과 소통하는 것은 관계를 유지하는 데 필수적입니다. 만약 두려움이 누군가와 소통하는 것을 막는다면, 상담을 통해 그 문제를 해결하는 것도 하나의 방법입니다.

네 번째로 중요한 것은 '신뢰'입니다. 신뢰는 존중과 정직과 깊이 연결되어 있습니다. 시간을 들여 신뢰를 쌓고, 꾸준히 소통하지 않으면 관계에 벽이 생기기 시작합니다. 이렇게 되면 상대방이 단순히 동료나 지인처럼 느껴질 뿐, 개인적이고 정신적인 유대감을 잃게 됩니다.

따라서 저에게 건강한 관계란 존중, 정직, 소통, 그리고 신뢰로 이루어져 있습니다. 이 네 가지가 건강한 관계의 기초를 형성합니다.

하지만 이것은 저의 관점일 뿐입니다. 사람들은 저마다 다른 방식으로 관계를 형성합니다. 어떤 사람은 직장 동료, 룸메이트, 친구 같은 관계에서 만족을 느낄 수도 있고, 또 어떤 사람은 결혼 관계를 통해 깊은 유대감을 형성하기도 합니다. 혹은 관계 밖의 사람들에게서 친밀감을 얻는 경우도 있습니다. 이런 삶의 방식도 충분히 괜찮으며, 잘못된 것은 아닙니다. 중요한 것은 자신에게 맞는 방식으로 관계를 맺고, 그것을 지속해나갈 수 있는 건강한 기반을 만드는 것입니다.

완벽한 파트너는 없다

완벽한 파트너라는 건 존재하지 않습니다. 세상에 그런 사람은 없으니까요. 하지만 누구에게나 완벽한 파트너가 될 수 있는 사람은 많습니다. 다만, 그것은 서로가 관계를 위해 노력할 준비가 되어 있을 때 가능합니다. 성공적인 관계, 특히 장기적인 결혼은 상대방과 나 모두가 함께 노력해야 비로소 이루어질 수 있습니다.

진정한 파트너십은 상대방이 내가 더 나은 사람이 되길 바란다는 깊은 믿음에서 시작됩니다. 그 사람은 내가 가능한 한 최고의 모습으로 세상에 빛나길 진심으로 바랍니다. 비록 그 사람이 내가 생각하기에 필요한 모든 방식으로 나를 돕거나 나의 파트너가 되어줄 수는 없더라도, 그 사람은 여전히 내가 더 나은 사람이 되기를 원합니다.

저는 가끔 로리가 바라는 것을 해주고 싶다고 느끼지만, 제 인생이나 마음, 혹은 내면 어딘가에서 그녀의 바람을 따를 수 없게 만드는 무언가가 있습니다. 그럼에도 저는 어떤 상황에서도 로리에게 가장 좋은 것이 이루어지길 바랍니다. 그녀가 가능한 한 최고의 인간으로 성장하길 바라고, 그것을 진심으로 응원합니다.

물론 관계를 유지하는 과정에서 때때로 한쪽이 뒤처지는 순간이 올 수도 있습니다. 이런 경우, 상대방을 끌어올릴 방법을 찾아야 합니다. 하지만 만약 상대방이 성장과 발전을 포기하고 더 이상 같은 방향으로 나아가지 않는다면, 그 관계의 의미를 다시 정의해야 합니다.

연애와 파트너십을 유지하는 일은 결코 쉽지 않습니다. 수년, 혹은 수십 년 동안 꾸준히 서로에게 노력하는 일은 크나큰 도전입니다. 하지만 신뢰를 바탕으로 지속적으로 노력한다면, 비록 완벽하지는 않을지라도 두 사람에게 최고의 파트너십을 만들어낼 수 있을 것입니다.

진정한 사랑과 균형은 완벽함에서 오는 것이 아닙니다. 오히려 서로를 깊이 이해하고, 그 관계를 위해 함께 성장하고 노력하는 과정에서 만들어지는 것입니다.
그러므로 자신에게 충실하면서도 관계에 많은 노력을 기울이려는 이 태도가 관계에서 스위트 스팟을 찾는 길이 될 것입니다.

Chapter 8

자산 관리
Resource Management

당신이 가진 것들이
당신을 흔들 수 없도록 하라

지금 무엇을
가지고 있나요?

누군가 당신에게 호의로 10달러를 주었다고 해봅시다. 당신은 그 돈을 어떻게 쓸 것인가요? 답을 떠올렸나요? 누군가는 그 돈으로 복권을 살 수도 있고, 또 누군가는 필요한 무언가를 살 수 있지요. 어떤 사람은 그 돈을 은행에 넣어둘 수도 있고 10달러짜리 주식 한 주를 살 수도 있습니다. 어쨌든 10달러는 인생을 바꿀 만한 돈은 아니지요. 적어도 그 돈만 봐서는요.

그런데 우리의 무의식은 비슷한 상황에서 같은 행동을

하게 하는 경우가 많습니다. 위 질문의 답으로 고른 행동이 당신의 인생 전반에서 나타난다면 어떨까요? 단지 10달러만의 문제일까요? 돈뿐이 아닙니다. 여러분은 이미 많은 것을 가지고 있는 사람입니다. 인간관계, 지식 같은 보이지 않는 것뿐 아니라 주식, 부동산, 자잘한 물건까지. 사람마다 차이는 있지만 이미 많은 것을 가지고 있습니다. 그것을 대하는 태도에 따라 삶의 질은 천차만별로 달라질 수 있습니다.

이번 장에서는 제가 어떻게 돈을 대해왔는지, 그리고 어떻게 써왔는지, 나아가 어떻게 하면 가진 것에 매인 삶이 아니라 가진 것을 이용하는 삶을 살 수 있는지 이야기를 해보겠습니다. 여러분에게 도움이 되면 좋겠습니다.

자신의 삶을 스스로 통제할 수 있어야 한다

제가 여덟 살이었을 때 이야기입니다. 그 해에 부모님은 저희 가족을 놀이공원에 데려가셨습니다. 디즈니랜드처럼 놀이기구와 게임으로 가득 찬 곳이었어요. 저는 미리 모아둔 돈을 챙겼고, 부모님께서 주신 5달러를 더해 총 13달러를 손에 쥐고 있었습니다. 1968년 당시에는 큰돈이었지요.

놀이공원에 들어서자마자 공을 던져 인형을 얻는 게임이 보였어요. 한 번에 25센트나 50센트 정도로 즐길 수 있었고, 저는 충분히 놀 수 있는 돈이 있었지만 그저 구경만 했습니다. 반면 제 동생은 5달러를 금방 써버렸지만, 인형이나 상품을 하나도 얻지 못했어요. 그리고 나서 우리는 놀이기구를 탔고, 그게 우리가 놀이공원에 간 진짜 이유였어요. 물론 놀이기구 타는 돈은 부모님이 지불하셨지요.

놀이공원을 나올 때 우리는 모든 게임장을 다시 지나쳐야 했고, 부모님께서 "한 번 해보고 싶지 않니?"라고 물으셨어요. 저는 단호하게 "싫어요"라고 대답했어요. 동생은 더 많은 게임을 하고 싶어서 제 돈을 쓰길 원했지만, 그때도 저는 단호하게 "안 돼, 안 줄 거야"라고 대답했습니다. 결국 저는 놀이공원에 들어갈 때와 똑같이 13달러를 가지고 집으로 돌아왔습니다. 그 돈을 제 방에 두었고, 그것이 저에게는 옳은 일로 느껴졌습니다. 저는 아주 어렸을 때부터 저 자신을 은행처럼 운영했습니다. 항상 저축만 하고 소비는 거의 하지 않았지요. 의식적으로 결심한 것은 아니었고, 그냥 그렇게 해왔습니다.

이 이야기를 하면 사람들은 종종 저에게 묻습니다. "놀이공원에 갔으면서 돈을 쓰지 않았나요? 원래 놀이공원은 돈을 쓰러 가는 곳 아닌가요?"

그때도 그렇고 지금도 마찬가지로 제 대답은 단순합니다. 저는 그런 것이 저를 행복하게 해주지 않으리라는 걸 어렴풋이 알았던 것 같아요. 왜 공을 던져 무언가를 쓰러뜨리고 작은 인형을 얻으려고 해야 하나요? 그런 건 필요 없었거든요. 집에서도 공을 공짜로 던질 수 있었으니까요. 그렇게 돈을 쓰는 게 불필요하다고 느껴졌습니다. 나이에 비해 이성적이었나 봅니다. 그렇다고 해서 제가 냉정하거나 무미건조한 아이는 아니었어요. 오히려 항상 행복한 아이였습니다. 제 행복은 돈을 쓰거나 물건을 얻는 것과는 관계가 없었어요. 저는 이미 제 안에 행복을 느낄 수 있는 충분한 이유가 있었습니다.

그 뒤에도 저는 평생 돈을 쓰는 것을 멀리했습니다. 열네 살 때 식당에서 일을 시작하며 처음으로 번 돈은 77달러였습니다. 시간당 90센트를 벌었고, 그 돈을 은행에 가

저가 67달러를 저축하고 10달러는 제 지갑에 보관했습니다. 다음 월급날, 여전히 지갑에는 8달러가 남아 있었지요. 단 2달러만 쓴 겁니다. 그래서 그다음에는 번 돈 전액을 저축할 수 있었습니다. 이 습관은 저희 집 상황에서 비롯된 면도 있습니다. 아버지가 돌아가신 후 집안 형편이 넉넉지 않아서 저는 항상 필요할 때를 대비해 돈을 모아두어야만 했습니다. 옷 같은 필수품을 제가 직접 구해야 했기 때문이지요. 그래서 저는 결핍이 어떤 것인지 잘 알고 있습니다. 하지만 궁극적으로 중요한 것은 자신을 희생자라고 생각하지 않고 자신의 삶을 통제하기 위해 할 수 있는 일을 다하는 것입니다.

저는 제 삶을 스스로 통제하고 싶었고, 그러려면 돈이 필요하다는 걸 알았습니다. 하지만 돈이 많이 필요하지는 않았기 때문에, 돈을 많이 벌겠다고 제 삶을 계획하지는 않았어요. 다만, 삶의 일부를 통제하지 못하게 되더라도 생존할 수 있을 만큼의 돈이 있으면 충분하다고 생각했어요.

저는 집안 형편 때문에 그랬지만 여러분에게는 미래를 대비해야 하는 여러분만의 이유가 있을 겁니다. 그 이유가 당신을 잠식하게 해서는 안 됩니다. 주체적으로 한발 앞서

서 미리 대비해야 합니다.

　예를 들어 모두가 그렇지는 않지만 집안 형편이 넉넉지 않은 환경에서 자란 사람은 자신이 경제 상황을 통제할 수 없다는 사실을 더 쉽게 받아들이는 경향이 있습니다. 여윳돈이 생겼을 때 그것을 모아서 상황을 바꾸려고 노력하기보다, 그동안의 결핍을 채우기라도 하려는 듯 써버리는 경우가 많은 것이지요. 이런 경우가 환경에 당신을 맞추는 것입니다. 끝끝내 돈에 휘둘릴 가능성이 높은 삶이지요.

　그런데 인생의 많은 것이 그렇듯 영원한 것은 없습니다. 좋은 것이 영원하지 않듯 나쁜 것도 영원하지 않지요. 그러니 지금 상황을 바꾸고 싶다면 적은 돈이라도 모아보는 것이 어떨까요?

인생에는
무슨 일이 닥칠지 모른다

계속해서 제가 돈을 모아온 방식에 대해서 이야기를 이어가보겠습니다. 결혼 후 처음 20년 동안은 외식을 거의 하지 않았습니다. 쌀과 콩 같은 저렴하면서도 맛있는 재료로 집에서 요리했습니다. 4일 동안 먹을 수 있는 큰 냄비에 수프를 만들면, 식당에서 한 끼 식사에 드는 비용보다 5달러를 절약할 수 있었지요. 저와 로리는 늘 이런 식이었습니다. 지금도 커피는 집에서 마시고, 매일 도시락을 싸며, 되도록 돈을 쓰지 않으려고 노력합니다. 학생들에게 이 이야기를 전할 때는 더 구체적으로 전달하려고 합니다.

예를 들어, 하루에 커피 값으로 4달러를 쓴다고 하면, 일주일에 20달러입니다. 이를 52주로 곱하면 1년에 1,040달러가 되고, 그 돈을 주식에 투자해 연 6%의 수익을 얻는다면, 40년 후에는 약 16만 달러가 됩니다. 이는 제 나이 또래의 평균적인 미국인이 평생 동안 저축한 금액과 비슷합니다. 이 이야기를 학생들에게 들려주면 항상 놀라워하고, 일부는 지금부터 이를 실천하기도 합니다.

학생뿐이 아닙니다. 저는 주변 사람에게도 늘 이런 이야기를 합니다. 제 머리카락을 잘라주는 헤어디자이너는 25세 정도의 여성입니다. 어느 날 그녀에게 머리를 자르러 갔을 때, 저는 무심코 물었습니다. "혹시 은퇴 계좌가 있나요?" 그녀는 없다고 대답했습니다. 저는 은퇴 계좌가 왜 중요한지, 그것을 어떻게 시작할 수 있는지 설명했습니다. 그리고 이렇게 제안했습니다. "당신이 지금 계좌를 개설하면 첫 50달러를 입금해드릴게요. 그다음에는 5달러나 10달러를 쓰고 싶을 때, 또는 꼭 필요하지 않은 셔츠를 사고 싶을 때마다 그 돈을 계좌로 옮겨보세요. 이렇게 계속하면, 제 나이쯤 되었을 때 백만장자가 될 수 있을 거예요."

그녀는 이런 생각을 해본 적이 없다고 했습니다. 하지만 흥미로워 보였고, 새로운 가능성을 발견한 듯 보였습니다. 이후로 그녀를 만날 때마다 저는 "계좌는 어떻게 되고 있나요?"라고 물었습니다. 그녀는 항상 웃으며 말합니다. "잘되고 있어요! 남자친구에게도 계좌를 만들라고 설득 중이고, 부모님께도 권유했어요." 그녀는 점점 더 자신감을 얻고 있었습니다. 저는 그녀가 헤어스타일리스트로서 평생 일하면서도 백만장자가 될 수도 있고, 계획이 없다면 가난한 노년을 맞이할 수도 있다고 말했습니다. 그녀는 이제 더 나은 미래를 선택하기 위해 노력하고 있습니다. 이런 작은 변화가 그녀에게 얼마나 큰 영향을 미칠지 상상해보세요.

인생의 중요한 진리 중 하나는 무슨 일이 언제 닥칠지

모른다는 것입니다. 자신이 어쩔 수 없는 상황 앞에서 최소한의 대비마저 해놓지 않는다면 그 뒤는 요행을 기대하는 수밖에 없습니다. 따라서 어린 나이에 자신을 위한 약간의 희생은 필요하다고 생각합니다. 무엇보다 자기 자신을 위해서요.

명품 소비 금액
1위인 나라

한국은 세계에서 경제적 스트레스가 가장 큰 나라 중 하나지만, 동시에 G20 국가 중 명품 구매가 가장 많은 나라이기도 합니다. 이 점은 제가 사회학자로서 한국을 흥미롭게 보는 이유 중 하나입니다.

한국은 공동체 중심적인 문화가 있습니다. 이런 문화는 때때로 아름다운 결과를 낳기도 하지요. 예를 들어, 사람들이 공공장소에서 조용히 행동하며 다른 사람을 배려하는 모습에서 그런 점을 볼 수 있습니다. 하지만 공동체를 중시하는 문화가 때때로 자신만의 결정을 내리기보다는 다른 사람을 따라야만 가치를 느끼게 만들기도 합니다. 누군가가 고가의 명품을 사면 그 행동이 '정상'처럼 여겨지고, 주변 사람들에게서 자신도 그래야 한다는 압박을 느끼기 쉬워지는 겁니다. '내가 이 공동체의 일원이라면, 나도 이런 식으로 소비해야 한다'고 생각하게 되는 것이지요.

이러한 소비는 단순히 물질적 충동의 문제가 아닙니다. 사람들은 다른 이들과 같지 않으면 열등감을 느낍니다. 내 친구가 명품 가방을 들고 있다면, 나도 그 가방을 가져야 한다는 생각이 듭니다. 그렇지 않으면, 친구들과 비교해 스스로를 하찮게 여기는 것이지요. 더 심각한 것은, 친구들이 나를 비웃거나 무시할까 봐 걱정하는 마음입니다. 이런 심리는 개인의 문제이기도 합니다. 나 자신을 제외하고 아무도 나를 판단하지 않는다는 사실을 인식하는 것이야말로 진정한 성숙함입니다. 어린아이는 그렇게 생각할 수 있지만, 성인이 된 우리는 다른 길을 선택할 수 있습니다.

'왜 나의 자존감이 다른 사람의 소비 행태에 달려 있는가?' 이런 질문을 스스로 던져야 합니다. 만약 내가 정말로 1,000달러짜리 가방을 살 경제적 여유가 있다면, 그 선택은 문제없습니다. 그러나 조금이라도 망설여진다면 그것은 미숙한 결정입니다. 그런 소비는 내면의 불안정함과 성숙하지 못한 자아를 드러내는 행동일 수도 있습니다.

저도 제 삶에서 이런 걸 느낍니다. 주변 사람들처럼 되고 싶거나 그들이 가진 걸 갖고 싶다는 욕구가 갑자기 들 때가 있지요. 다행히 사회학적인 이해 덕분에 그런 감정을 느끼는 저 자신을 비난하지는 않습니다. 그리고 오랜 시간 동안 이런 마음속 목소리에 "안 돼"라고 말해온 경험이 있기도 합니다.

'지금 내 앞에 있는 사람은 누구일까? 진짜 나 자신인가, 아니면 내 주변 사람들인가?' 이 질문은 단순해 보이지만, 많은 사람이 제대로 생각하지 않는 것 같습니다. 모두 알고 있다고 생각하지만, 사실 대부분은 주변 사람들에게 받아들여지고 싶다는 유혹을 쉽게 이기지 못하는 것 같아요.

이걸 꼭 기억하세요. 처음엔 사소해 보일 수 있지만, 이런 것이 성장의 토대가 됩니다. 돈을 현명하게 투자하는 법을 배우고, 정말 필요할 때까지 그 돈을 건드리지 않겠다고 결심하세요. 이런 장기적인 사고방식이 핵심입니다. 이는 나이가 들수록 우리가 더 큰 자유를 얻을 수 있는 기반이 됩니다.

다음과 같은 장면을 상상해보세요. 누군가가 매일 당신에게 "이건 필요 없고, 저것도 필요 없어. 예산에 크게 영향을 주는 건 아니지만, 굳이 그럴 필요는 없어"라고 말해준다고요. 그리고 그렇게 아낀 자원을 의미 있는 곳에 투자할 수 있다고 생각해보세요. 당신에게 얼마나 큰 변화가 일어날까요?

이러한 실천은 너무 답답하게 느껴질 수 있지만, 실제로는 엄청난 힘을 발휘합니다. 작은 행동이 모여 얼마나 큰 변화를 가져올 수 있는지는 아무리 강조해도 지나치지 않습니다. 오늘 미미하게 보이는 행동이 내일 거대한 결과로 이어질 수 있습니다. 이것이 복리의 기적입니다. 현재의 소비 습관을 가치관과 지속적으로 맞추면서, 당신은 단순히 현재의 생활을 지원할 뿐만 아니라 장기적인 목표를 뒷받침하는 재정적 틀을 구축할 수 있습니다. 이렇게 하면 당신이 노력해서 거둔 결실을 진정으로 즐기면서도 과소비와 경제적 불안정을 피할 수 있습니다.

돈이 아니라
삶의 주체가 돼라

돈에 대한 통제와 자제력을 설명할 때 임파워먼트empower-
ment라는 개념을 들어 이야기하기도 합니다. 임파워먼트는
간단히 말해 개인이나 집단에 자신의 삶을 통제하고 목표
를 달성하며 사회 구조를 변화시킬 힘과 능력을 부여하는
것입니다. 단순히 '권한을 부여하는 것' 이상의 의미를 담
고 있습니다. 우리가 자신의 가치를 깨닫고 잠재력을 극대
화하도록 돕는 것이지요. 따라서 임파워먼트는 사람들을
더 활기차고 삶에 행복감을 느끼도록 하는 과정을 의미합
니다.

예를 들어봅시다. '나는 무언가를 하고 싶다'라는 결정을
내렸을 때, 그 결정을 실현하기 위해 필요한 자원을 갖추
고 있나요? 장애물을 극복할 의지와 인내심이 있나요? 재
정적 여유는 충분한가요? 그리고 그 결정을 지지해줄 주
변 사람들이 있나요? 이 모든 요소가 임파워먼트를 구성
합니다.

돈은 임파워먼트를 측정하는 훌륭한 척도입니다. 우리

가 돈을 버는 방법, 쓰는 방법, 그리고 관리하는 방법은 우리 삶에서 얼마나 힘을 느끼는지와 실제로 얼마나 힘을 가질 수 있는지를 보여줍니다. 돈이 없으면 기본적인 필요를 충족할 수 없기 때문에, 재정을 확보하는 것은 삶의 주체로 살아가기 위한 필수 조건입니다. 이러한 필요를 충족하지 못하면 삶의 질은 크게 저하될 수밖에 없습니다. 따라서 임파워먼트는 단순히 경제적 자립에 그치지 않습니다. 그것은 자신이 삶의 주체이자 책임자라는 자각에서 비롯됩니다.

따라서 돈을 대하는 방식은 단순한 재정 관리 이상의 의미를 가집니다. 돈을 어떻게 벌고, 쓰고, 관리하느냐에 따라 자신의 삶에 대한 임파워먼트를 더욱 탄탄하게 구축할 수 있기 때문입니다. 이는 단순히 경제적 안정이 아니라, 삶의 주체로서 스스로 선택하고 행동할 힘을 키우는 데 중요한 역할을 합니다.

제가 강의하면서 만난 학생들의 예를 들어보겠습니다. 돈 관리에 어려움을 겪는 학생들에 대해 이야기하면, 가장 먼저 강조하고 싶은 점은 학생들이 처한 문화적, 경제적 배경에 따라 돈에 대한 경험과 태도가 매우 다르다는 것입니다. 그리고 이러한 차이는 그들의 삶에 큰 영향을 미칩니다.

다양한 배경을 가진 학생들이 돈 관리에 어려움을 겪는 경우가 많습니다. 하지만 그중에서도 가장 큰 어려움을 겪는 학생은 의외로 부모님이 모든 재정적 지원을 해주는 학생입니다. 스스로를 부양하기 위해 일해본 적이 없는 학생이지요. 이들은 돈을 버는 과정과 그 어려움을 경험하지 못했기 때문에, 돈을 관리하는 기본적인 방법조차 익히지 못한 경우가 많습니다.

반면 돈을 가장 잘 관리하는 학생은 일을 해서 직접 자신의 생활비를 충당하는 학생입니다. 풀타임이든 파트타임이든 상관없이, 그들은 생활비 청구서 금액을 지불하고 대학 등록금을 마련하기 위해 노력합니다. 그리고 이러한 경험을 통해 돈을 벌기가 얼마나 힘든지, 반대로 돈을 쓰기는 얼마나 쉬운지 깊이 깨닫게 됩니다. 이는 단순히 돈 관리의 기술을 배우는 것을 넘어, 삶을 바라보는 태도와 우선순위를 정하는 데 큰 영향을 줍니다.

저는 돈이 부족했을 때 제가 가진 돈의 범위에서 욕구를 조정하며 살았습니다. 돈이 부족해서 불행하지는 않았습니다. 행복과 제 삶을 그대로 받아들이는 것이 가장 중요한 목표였고, 적은 돈으로도 그 목표를 이루어야 한다는 걸 알고 있었습니다. 제가 언제까지 돈이 많지 않을지 알 수 없었지만, 모른다고 해서 목표가 바뀌지는 않았습니다.

제가 이렇게 할 수 있었던 이유는, 더 많은 돈을 가진 사람과 자신을 비교하지 않았기 때문입니다. 대신 저는 더 행복한 사람과 자신을 비교하며, 스스로에게 이렇게 물었습니다. "내가 더 행복해지려면 무엇을 해야 할까? 지금 당장은 돈을 더 많이 벌 수 없을지 몰라도, 더 행복해질 수는 있어."

저는 제 주변의 여러 사람보다 돈이 적었지만, 미래를 계획해야 하고, 빚을 많이 지지 않아야 하며, 적은 돈이라도 투자하면서 가능한 한 저축해야 한다는 것을 알고 있었습니다.

이 이야기를 종종 학생들에게 들려줍니다. 특히 수업에 8달러짜리 음식을 들고 온 학생들에게요. 그 돈이면 집에서 3달러로 더 많은 음식을 만들 수 있었다고 말하며 이렇게 이야기합니다.

"돈을 통제하는 것이 곧 삶을 통제하는 길입니다."

출발선 논란에
대하여

어떤 사람은 이렇게 말합니다. 부유한 가정에서 태어난 아이는 교육에만 집중할 수 있는 반면, 그렇지 못한 가정의 아이는 생계를 위해 더 어린 나이에 일하고 공부해야 한다고요. 이는 단순히 경제적 상황의 차이를 넘어, 학생들이 삶을 바라보는 관점과 그들이 형성하는 가치관에 깊은 영향을 미칩니다. 인생이라는 레이스가 불공평하다는 느낌을 주지요. 이러한 이야기는 자연스럽게 이런 질문으로 이어집니다. "더 많은 부를 축적하는 것이 자녀의 안정적인 미래를 보장하기 위한 필수 조건인가?"

이 질문에 답하자면, 많은 고용주가 입을 모아 이야기하는 것이 있습니다. 바로 "삶을 스스로 개척한 젊은이들이 우리에게 꼭 필요한 인재가 되는 경우가 많다"는 것입니다. 이는 그들이 단순히 똑똑하기 때문만은 아닙니다. 추진력과 통찰력, 그리고 도전을 통해 얻은 강인함 때문입니다.

최근 한 채용 담당자와 나눈 이야기가 떠오릅니다. 그는 학교를 졸업하고 취업한 25세 학생에 대해 말했습니다. 그 학생은 자신이 극복한 장애물들에 대해 이야기했는데, 채용 담당자는 이를 듣고 이렇게 말했지요. "저런 사람이 우리 회사에서 일하면 좋겠습니다." 이 말은 결코 과장이 아닙니다. 사람들은 종종 5~6년 늦게 졸업하면 사회에서 너무 뒤처질까 봐 걱정합니다. 하지만 그보다 중요한 것은 그들이 걸어온 여정입니다. 어려움을 극복하며 더 강해졌다는 이야기는 단순한 이력 이상의 가치가 있습니다. 그것은 삶의 경험을 통해 빚어진 진정한 강인함의 증거입니다.

부유한 가정에서 자란 학생은 단순히 재정적 자원뿐만 아니라, 유용한 네트워크에 쉽게 접근할 수 있습니다. 이는 분명 강력한 자산입니다. 하지만 이 혜택이 항상 긍정적인 것만은 아닙니다.

네트워크를 통해 얻는 기회는 분명 유리하지만, 그로 인해 내적 갈등이 생겨나기도 합니다. 예를 들어, 부모님의 도움으로 취직하거나 성공한 경우, 스스로에게 묻게 되는 질문이 있습니다. '내가 이룬 건가? 아니면 부모님의 도움 덕분인가?' 이런 의문은 부정하고 싶어도 마음 한구석에 남아 있을 수밖에 없습니다. 이 내적 갈등은 자아 정체성 형성과 만족감에 영향을 미칠 수 있습니다.

제가 강조하고 싶은 것은, 부나 네트워크를 가진 환경에서 자란 것이 항상 좋은 것은 아니며, 그 반대의 경우가 꼭 나쁜 환경만은 아니라는 것입니다. 오히려 제한적인 환경이 그것을 극복하려는 동기로 나타날 수도 있습니다. 그러니 자신을 둘러싸고 있는 환경이 전부는 아닙니다.

지금의 선택이
미래의 선물이 된다

저는 종종 생각합니다. '만약 내가 더 많은 부와 네트워크를 가졌더라면 내 삶은 어떻게 달라졌을까?' 제 친구들 중 대학을 졸업한 부모를 둔 사람은 거의 없었습니다. 저 역시 가진 것이 많지 않았어요. 하지만 그 과정이 저를 지금의 저로 만들었다고 확신합니다. 만약 다른 환경에서 자랐다면 저는 지금과는 다른 사람이 되었을 것입니다.

제 여정은 완벽하지 않았지만, 그 자체로 아름다웠다고 생각합니다. 열악한 환경에서 시작했기에 제게는 그것이 가장 완벽한 배움의 기회가 되었습니다. 부와 네트워크의

유무를 떠나, 중요한 것은 현재의 환경을 어떻게 받아들이고 그것을 성장의 발판으로 삼느냐는 것입니다. 모든 학생은 자신만의 여정을 통해 배울 수 있고, 그 여정이야말로 그들의 진정한 가치를 만들어주는 원동력이 됩니다.

흔히 자신이 갖고 있는 자원에 대해 이야기할 때, 단순히 숫자와 계산의 문제가 아니라, 삶의 방향성과 깊이 연결된 선택의 문제를 다룬다는 사실을 종종 간과합니다. 돈이란 단순한 도구가 아닙니다. 그것은 우리가 꿈꾸는 삶의 형태를 가능하게 하고, 때때로 불가능해 보이는 목표를 현실로 만드는 촉매제가 됩니다. 가끔은 돈이 우리가 최고가 되는 데 방해가 되기도 하지요. 이처럼 돈 역시 다른 많은 것이 그렇듯 양면성이 있습니다. 그러나 우리 인생에 반드시 필요한 것만은 기정사실이지요. 그래서 우리는 충분한 돈을 모으기에 너무 늦지는 않았을까 하는 생각에 사로잡히기도 합니다. 너무 걱정하지 않으면 좋겠습니다. 적어도 돈과 같은 자원에 대한 문제만큼은 언제 시작해도 시작하지 않는 것보다는 좋습니다. 그러므로 당신은 늦지 않았습니다.

40세, 50세에 시작하더라도 괜찮습니다. 중요한 것은 지금 시작한다는 사실입니다. 지금의 결정이 미래의 안정감을 가져다줄 것입니다. 시간이 흘러 어느 날 여러분은 오늘 내린 결정에 흡족해하며 미소 짓게 될 것입니다.

물론 시작에는 두려움이 따릅니다. '위험을 감수해야 한다', '지금 선택이 과연 옳은 것일까?'라는 고민이 머리를 떠나지 않을 수 있습니다. 그러나 이것을 꼭 기억해야 합니다. 진정으로 두려워해야 할 것은 노년기에 돈이 필요하지만 일을 할 수 없는 상황이라는 점입니다. 이보다 더 큰 불안은 없을 것입니다. 따라서 지금의 선택은 단순히 미래의 안정감을 위한 투자일 뿐만 아니라, 여러분 자신에게 주는 가장 큰 선물입니다.

세상의 헛소리에
휘둘리지 말기를

현대 사회에서 많은 사람이 소셜미디어를 통해 잘못된 기대치를 심어줍니다. 누군가는 "벤처 사업으로 하루에 5,000달러를 벌었다"고 자랑할지 모르지만, 우리는 그들의 전체 상황을 알지 못합니다. 그전에는 얼마를 벌었을까요? 이 수익이 지속 가능할까요? 유튜브를 보면 이런 정보들이 넘칩니다.

저도 한 번은 강연에서 30분 만에 5,000달러를 번 적이 있습니다. 하지만 그것은 제 인생에서 단 한 번 일어난 일이고, 다음 강연에서는 2시간 동안 500달러를 받았습니다. 그런데 만약 제가 소셜미디어에서 그 30분 동안 번 돈에 대해서만 이야기한다면, 사람들은 저에 대해 그리고 자기 자신에게 가능한 것에 대해 잘못된 인식을 갖게 될 겁니다. 소셜미디어에 나오는 성공담은 종종 과장되거나 한쪽 면만 보여줄 때가 많습니다. 그렇기 때문에 이런 환상을 꿰뚫어보고 거기에 흔들리지 않는 단단한 마음을 갖는 것이 중요합니다.

여러분의 목표는 다른 사람의 삶을 흉내 내는 것이 아니라, 스스로의 현실에서 최선의 선택을 찾아가는 것입니다. 소셜미디어 환상에 휩쓸리지 않으려면 비판적 사고가 필수적입니다. 무엇이 진실이고 무엇이 과장인지 가려낼 수 있는 지성을 길러야 합니다. 이를 통해 여러분은 가짜들의 말에 흔들리지 않고, 진정한 가치를 찾는 길로 나아갈 수 있습니다. 이 과정은 단순히 경제적 성공뿐만 아니라 삶의 전반에서 여러분을 더 강하고 현명하게 만들어줄 것입니다.

여러분의 삶은 지금 이 순간, 당신이 내리는 결정과 행동으로 만들어집니다. 중요한 것은 완벽한 계획이 아니라, 지금 바로 실천하는 용기입니다. 크든 작든, 오늘의 선택이 내일의 기회를 열어줄 것입니다. 우리가 가진 자원은 한계가 있지만, 그것을 다루는 우리의 가능성은 무한합니다.

돈이든 시간이든 에너지든, 그 자원을 어떻게 사용할지는 온전히 여러분의 손에 달려 있습니다. 눈앞의 유혹이 아니라 진정으로 원하는 미래를 향해 나아가세요. 결국 삶은 우리가 만든 선택의 합입니다. 그러니 여러분 자신에게 묻고 답하세요.

"나는 내일의 나를 자랑스럽게 만들고 있는가?"

이 질문이 당신을 스위트 스팟으로 이끌 것입니다.

Chapter 9

끝까지 하는 힘

Perseverance and Finishing

인생은 해낸 일과
해내려고 했던 일의 총합이다

포기하고 싶은 순간
당신을 지키는 에너지

여러분이 피트니스 센터에 가서 운동을 하기로 했다고 생각해봅시다. 일주일에 몇 번 혹은 하루에 몇 시간 하겠다고 계획을 세우겠지요. 구체적인 목표도 세울 것입니다. 아마도 몇 킬로그램을 뺀다거나, 근육량을 몇 퍼센트 늘리는 등이겠지요. 그런데 그 목표를 달성하려면 반드시 생각해야 할 것이 있습니다. 바로 장애물이지요. 장애물은 우리가 목표한 것을 방해하는 요소입니다. 예를 들어 피트니스 센터에 가기 위해 포기해야 할 것이 바로 장애물입니다.

늦잠이나 다른 취미 등 운동을 하려면 포기해야 하는 것이지요. 혹은 몸이 운동할 만큼 건강하지 않다면 그것도 장애물이 될 수 있습니다. 이번 장에서는 제가 경험한 작은 일상의 장애물과 그것을 극복하거나 받아들이게 한 에너지에 대해 이야기해보려고 합니다. 바로 인내와 끝까지 해내는 힘에 대해서요.

목표를 향한 여정이 고단하게 느껴질지라도, 인내는 그런 순간에도 우리를 앞으로 나아가게 하는 중요한 동력이 됩니다. 그렇지만 견디는 것에 대해 너무 집착하지 않아도 됩니다. 때때로 일찍 포기하는 것이 도움이 되기도 하니까요. 그런 의미에서 제가 생각하는 인내란 장애물에 직면했을 때도 목표나 과제에 집중할 수 있는 능력입니다. 무작정 견디거나 고통을 감내하는 것이 아니지요.

삶에서 우리는 끊임없이 장애물과 마주합니다. 목표를 세우고 그것을 추진하려고 할 때마다 다양한 방해 요소가 나타납니다. 어떤 때는 이 장애물들에 걸려 넘어지기도 하고, 쉬운 일이 갑자기 어려워져 포기하고 싶은 충동에 사로잡히기도 하지요. 그런데 인내는 그런 순간에도 계속해서 나아갈 수 있도록 에너지를 공급해줍니다.

인내심이 부족하다고 해서 항상 나쁜 것만은 아닙니다. 가끔은 작은 장애물 하나 때문에 목표를 바꾸고 새로운 길을 선택하는 것이 더 나은 경우도 있습니다. 어떤 목표를 향해 가다가 처음으로 그리 크지 않은 장애물을 만났을 때, 저는 종종 이렇게 말했습니다. "그 목표는 사실 그렇게 중요하지 않았어." 괜찮습니다. 그건 인간다운 모습의 일부니까요. 우리는 매일 일상생활과 인생의 방향에 영향을 미치는 수많은 선택을 하며 살아갑니다. 그래서 대부분의 사람은 꾸준히 노력한 경험보다 포기한 경험이 훨씬 더 많습니다.

이 주제를 설명하기 위해 이 책을 쓰는 과정을 예로 들어보겠습니다. 2023년 가을, 한국의 출판사 에디터가 책 집필을 제안하며 연락을 해왔습니다. 그의 이메일을 읽고 답장을 보내기까지 몇 주가 걸렸습니다. 왜냐하면 제가 이 책을 쓰는 데 필요한 시간과 에너지를 감당할 수 있을지 먼저 생각해야 했기 때문입니다. 그의 아이디어는 마음에 들었지만, 그 과정에서 맞닥뜨릴 장애물을 미리 가늠해보고 싶었지요.

결국 저는 책을 쓰기로 동의했습니다. 실제로 글쓰기를

시작하기 전까지는 구체적인 장애물이 나타나지 않았습니다. 하지만 막상 집필을 결심하자 미처 생각지 못한 장애물이 나타났어요. 예를 들면, 제가 정말 좋아하는 골프를 중단해야 했습니다. 여름 동안에는 글을 쓰는 것보다 골프를 더 치고 싶었지요. 그래서 스스로에게 물었습니다. "내가 정말 이 책을 쓰고 싶을까, 아니면 골프를 더 치고 싶을까?" 매번 책상 앞에 앉을 때마다 이 질문을 했습니다.

그리고 또 다른 난관도 있었습니다. 바로 지나치게 제 글을 고치려는 것이었지요. 저는 글을 빠르고 쉽게 쓰는 편입니다. 하지만 글쓰기는 말하는 것과는 다릅니다. 말을 할 때는 시간을 되돌려 이미 내뱉은 말을 고칠 수 없지요. 한번 입 밖으로 나온 말은 이미 이야기가 되어버립니다. 하지만 글은 다릅니다. 쓰여진 단어는 언제든지 빠르게 수정할 수 있어서, 글쓰기가 끝없는 수정 과정이 되어버리기도 합니다. 그렇게 작은 장애물들이 늘어나면서 글을 쓰고자 하는 의지가 점점 약해졌습니다.

그런데 어느 날 문득 생각이 떠올랐습니다. 이 책을 쓰기 위해 수민에게 도움을 청해볼까? 수민은 저를 정말 잘 이해해주는 사람이고, 흥미로운 질문을 던질 수 있는 사람이니까요. 물론 그 이후에도 여러 장애물이 있었지만, 하나씩 해결해나가면서 저는 마침내 책을 쓰기로 결심했습니다. 그리고 깨달았습니다. 글쓰기가 골프보다 더 흥미로운 일이라는 것을요.

이 과정에서 저 자신의 끈기에 대해 많은 것을 배웠습니다. 끈기란 우리가 목표를 향해 가는 여정에서 장애물을 극복하게 해주는 에너지입니다. 바로 이 끈기가 저를 다시 정리하게 했고, 제가 좋아하는 것을 포기하게 했으며, 책상 앞에 앉아 글을 쓰게 해 마침내 책을 완성할 수 있도록 도와주었습니다.

이런 끈기를 발휘하는 결정들은 매일 우리의 삶에서 일어납니다.

모든 이정표가
인내의 시험일까?

우리는 매일 아침 일어나 스케줄에 따라 해야 할 일을 수행하며 인내심을 시험받습니다. 수업을 듣고, 과제를 하고,

시험을 치르거나 매일 출근하는 모든 과정이 그렇습니다. 하루하루, 우리가 다른 목표를 추구하고 싶을 때조차도 특정 목표에 집중할 수 있는 능력을 끊임없이 평가받는다고 할 수 있습니다.

이러한 시험들은 때때로 우리를 지치게 합니다. 그래서 어린 나이부터 이해가 필요하지요. 시험과 도전은 종종 우리를 불확실성과 의심으로 가득 채웁니다. 어린 나이에 이런 감정이 찾아오면 단순히 지치는 데 그치지 않고, 불안과 두려움도 느끼게 됩니다. 물론 모든 사람이 같은 경험을 하지는 않습니다. 하지만 우리의 교육 시스템 전체가 주변 사람과의 경쟁에서 뒤처질지 모른다는 두려움 위에 구축되어 있습니다. 그래서 대부분의 사람은 어릴 때부터 이런 끈기와 노력에 대한 압박을 내면화하며 경험하게 됩니다.

이런 과정에서 얻는 이점도 분명합니다. 우리가 목표를 향해 나아가며 장애물을 극복할 때 느끼는 만족감은 매우 큽니다. 도전을 넘어서며 얻는 성취감은 우리를 한 단계 더 성장하게 하고, 작은 승리 하나하나가 삶에 긍정적인 에너지를 제공합니다. 이런 경험들은 단순히 일상을 견디는 힘을 넘어, 삶의 방향성을 스스로 만들어가는 밑거름이 됩니다.

한국의 청소년은 어린 시절부터 이러한 시험과 지속적인 경쟁을 통해 높은 수준의 인내심을 배웁니다. 나이가 들수록 장애물이 더 많아지고 더 큰 인내심이 필요하기에, 이는 중요한 자산이 됩니다. 이는 한국만의 이야기가 아닙니다. 전 세계의 젊은이가 각자의 삶에서 끊임없이 시험받고, 그 과정에서 지치기도 하며 성숙해집니다. 하지만 한국에서는 특히 사회적 기대와 가족의 압박이 더해져 젊은 세대가 감당해야 할 무게가 크다는 점에서 다소 독특합니다. 학생뿐만 아니라, 사회에 나와 커리어를 쌓아가는 젊은 직장인에게도 이런 환경은 동일하게 적용됩니다.

한국의 학교 교육은 이러한 인내심을 기르는 중요한 터전입니다. 수많은 시험과 과제를 통해 실패와 성공을 반복하며, 그 과정에서 인내심이라는 마음의 근육이 자라게 됩니다. 인생에서 누구나 실패를 경험하지만, 이를 얼마나 수용하고 극복하느냐가 인내의 척도가 됩니다. 실패를 극복하는 경험은 우리를 더 강하게 하고, 다음 도전을 위한 준비를 갖추게 합니다. 이런 면에서 많은 한국인이 강한 인내심을 바탕으로 자신의 삶을 이끌어간다고 할 수 있습니다.

마지막으로, 모든 사람이 같은 목표를 추구할 필요는 없습니다. 예를 들어 대학에 가는 것이 모두에게 필수는 아니며, 행복의 기준 역시 각자 다릅니다. 대학 학위나 고소득 직업이 아니더라도 사람들은 자신의 길에서 만족과 성취를 느낄 수 있습니다. 중요한 것은 자신의 선택과 목표를 향해 꾸준히 나아가며 인생이라는 시험을 스스로의 방식으로 극복해나가는 것입니다.

이 예시에서 배울 점은 우리가 인생에서 최선의 길을 걷고 있지 않다는 메시지를 수없이 받을지라도 이를 극복하며 끝까지 나아가는 끈기가 필요하다는 것입니다. 예를 들어, 대학에 가지 않는 선택은 삶에서 가장 큰 도전에 제대로 맞서지 못한다는 사회적 시선을 받을 수 있습니다. 이처럼 주변에서 우리가 잘못된 길을 걷는다는 메시지를 보낼 때, 이를 마주하고 견뎌내는 데는 큰 용기와 노력이 필요합니다.

한 가지 목표에
너무 집착하지 않아도 된다

우리는 종종 '큰 목표보다는 작은 목표에 머무르는 것이 더 낫다'는 이야기를 듣습니다. 큰 목표는 이루기 어려울 뿐 아니라, 실패했을 때 실망도 훨씬 클 수 있기 때문입니다. 그렇다고 하더라도 높은 목표, 혹은 장기적인 목표를 세우는 것은 여전히 중요한 일입니다. 예를 들어, '20년 후 한국 최고의 미디어 회사 대표가 되고 싶다'는 큰 목표를 상상해보세요. 정말 멋지고 가치 있는 목표입니다. 그리고 그 목표를 이루기 위해서는 반드시 작은 발걸음부터 시작해야 하지요. 이때 그 목표에 도달하지 못할 수도 있다는 사실을 알게 되더라도 앞으로 나아가야 합니다. 우리가 이렇게 이상적이고 거대한 목표를 세운다고 해서 그것이 반드시 실현된다는 보장은 없습니다.

이런 거대한 목표를 이루려면 우리가 통제할 수 없는 수많은 요소가 적재적소에 작용해야 합니다. 진심으로 말씀드리지만, 한국에서 대형 미디어 회사 대표가 되기 위해 얼마나 많은 일이 필요한지 생각해보셨나요? 그중 대부분은 우리가 직접 통제할 수 없는 일들입니다. 실제로 이렇게 큰 목표를 달성한 사람들은 대부분 그것이 단순한 노력의 결과만이 아니라, 운이나 외부 요인이 크게 작용했다는 사실입니다. 우리가 상상하는 것보다 훨씬 많은 '우연'이 개입한다는 것이지요. 따라서 아이러니하게도 큰 목표를 이루기 위해 노력할 때 그 목표를 달성하지 못할 것임을 알면서도 나아가야 합니다.

또 하나 중요한 점은, 우리가 길을 가다 보면 목표가 바뀔 수 있다는 것입니다. 5년 후쯤, 여러분은 스스로에게 이렇게 말할지도 모릅니다.

"난 안 할래요. 맙소사, 내가 무슨 생각을 하고 있었지?"

이런 변화는 지극히 자연스러운 일입니다. 삶이란 원래 이런 것입니다. 중요한 것은 스스로의 스위트 스팟을 찾는 것입니다. 제가 생각하는 인내의 스위트 스팟은 장기적인 목표를 세우되, 매일매일의 장애물과 우리를 도와주는 요소들을 유연하게 처리하는 과정을 말합니다. 마치 태극권의 움직임처럼 말입니다. 태극권은 특정 기술을 사용하는 동안 유동적이고 자연스럽게 상황을 다룹니다. 힘을 너무 주지 않고 흐름을 따라가면서도 중심을 유지하지요.

우리 삶에서도 마찬가지입니다. 인내란 단지 참아내는 것이 아니라, 장기적인 목표를 향해 나아가면서도 지금 이 순간의 도전을 유연하게 받아들이고 처리하는 것입니다. 살다 보면 바뀔 수도 있고 생각지 못한 새로운 것이 생길 수도 있지요. 그 모든 것을 관리하려고 하기보다 받아들이려는 태도가 필요합니다.

놓아야 할 때와
나아가야 할 때

이처럼 더 이상 효과적이지 않은 프로젝트를 과감히 놓아야 할 때가 있습니다. 저는 여러 프로젝트를 진행하면서 반응이 없거나 진전이 더딘 경우, 빠르게 포기하고 새로운 아이디어나 프로젝트로 전환하는 습관을 길러왔습니다. 제 '포기하는 근육'은 꽤 단련되어 있다고 생각합니다. 이는 세상에 내놓고 싶은 아이디어가 너무 많지만, 모든 것을 완성할 수 있는 시간이 제한적이라는 현실을 받아들였기 때문입니다.

하지만 모든 프로젝트가 동일한 방식으로 끝나지는 않습니다. 어떤 프로젝트는 예상치 못하게 가능성을 드러내며 앞으로 나아가는 듯한 모습을 보입니다. 이 책이 바로 그런 사례입니다. 처음에는 천천히 시작했지만, 시간이 지나면서 여러 작은 조각들이 하나둘씩 맞춰졌습니다. 점차 실현 가능성이 보이면서, 저는 이 프로젝트에 점점 더 많은 시간과 에너지를 쏟아부었습니다. 결국 이를 완성하기 위해 제 삶의 우선순위를 재조정하기까지 이르렀습니다.

그럼에도 이런 유형의 프로젝트는 많은 시간과 노력을 투자한 만큼 포기하기가 더욱 어려워질 때가 있습니다. 그래서 저는 항상 스스로에게 다음과 같은 질문을 던집니다.

"이 프로젝트가 나에게 최선의 이익이 되는가? 만약 이 프로젝트를 포기한다면, 다른 어떤 일에서 더 큰 만족감과 행복을 찾을 가능성이 있는가?"

이 질문을 반복하며 결국 저는 이런 결론에 도달합니다. 우리는 종종 자신에게 무엇이 최선인지 완벽히 알 수 없습니다. 그렇기 때문에 새로운 방향으로 나아가라는 신호를 받을 때는 주저하지 않고 주의를 돌릴 준비가 되어 있어야 합니다. 동시에, 현재 하고 있는 일에 대한 자신감을 키우고, 이를 위해 스스로를 발전시키는 데 에너지를 집중해야 합니다. 이 두 가지를 동시에 실천할 수 있다면, 유연하면서도 목적의식 있는 삶을 살아갈 수 있을 것입니다.

놓아야 할 때와 나아가야 할 때를 아는 것은 삶의 지혜이자 선택의 용기입니다. 때때로 잡고 있는 것을 놓아야 더 큰 가능성을 발견할 수 있고, 때때로 끝까지 붙들고 나아가야 비로소 성취를 이룰 수 있습니다. 중요한 것은 상황을 냉철히 평가하고, 자신의 가치를 지키며, 열린 마음으로 변화와 도전을 대하는 것입니다. 놓는 것이 실패가 아니듯, 나아가는 것이 항상 정답도 아닙니다. 진정한 힘은 자신의 길을 스스로 선택하고 그 선택에 책임을 다하는 데서 나옵니다.

당신을 방해하는 것은
당신 안에 있다

제가 생각하기에 우리가 목표까지 가는 데 방해가 되는 또 한 가지 장애물은 바로 자기 의심입니다. 자기 의심은 우리가 인내심을 가지고 목표를 추구하는 데 가장 큰 장애물 중 하나입니다. 그렇다면 자신의 길을 찾는 데 어려움을 겪거나 다른 사람의 의견에 흔들릴 때, 어떻게 하면 내면의 목소리를 신뢰할 수 있을까요? 또 어떻게 하면 그 목소리에 더 잘 귀를 기울일 수 있을까요?

특히 사회나 문화에 수많은 목소리가 존재할수록, 자신의 목소리를 들을 기회는 줄어들기 마련입니다. 가장 먼저 중요한 점은, 자신이 해야 할 일에 대해 주변 사람들이 이야기하고 고민할수록 자기 내면의 목소리가 더 작아진다는 사실입니다.

한국처럼 가족과 공동체의 목소리가 강한 사회에서는 내면의 목소리를 듣는 일이 특히 더 어렵습니다. 많은 사람이 알게 모르게 주변 사람의 조언을 끊임없이 받아들이기 때문입니다. 이러한 환경에서, 내가 주변의 가장 강력한 목소리와는 다른 선택을 상상하기 시작한다면, 자기 의심을 극복할 에너지가 부족해질 수 있습니다.

저도 마찬가지입니다. 가끔은 제가 강의를 하고 영상을 만드는 일을 하면서 스스로에게 질문합니다. "이게 세상에서 가장 터무니없는 아이디어가 아닐까? 대체 누가 이런 영상을 보고 싶어 할까? 내가 유튜브에 올릴 만한 흥미로운 무언가를 가지고 있다고 생각하는 이유는 뭘까?" 이런 질문을 던지는 순간, 저는 갑자기 모든 것이 멈추는 것 같고, 지금이라도 그만둬야 할 것 같은 기분이 듭니다. 하지만 그 질문을 전혀 하지 않고, 제가 무엇을 하는지 고민조차 하지 않을 때는 모든 것이 자연스럽게 흘러갑니다. 그리고 그때는 멈출 수 없는 강렬한 영감이 몰려와 계속해 나갈 수 있는 힘이 생깁니다.

그렇다면 주변의 수많은 목소리에 묻혀 들리지 않는 내 목소리를 어떻게 해야 다시 들을 수 있을까요? 내 아이디어가 정말 가치 있는지 스스로 평가할 기회를 잃게 된다면요? 주변 사람들은 '이렇게 해야 한다', '저렇게 해야 한다'라고 끊임없이 말합니다. 그들의 목소리는 분명하고 강력하지만, 자기 내면의 목소리는 희미하고 작기 때문에 그들의 말이 진실처럼 느껴질 수밖에 없습니다.

결과적으로 우리는 자괴감을 느끼게 됩니다. 이것이 첫 번째 문제입니다.

두 번째 문제는 많은 사람이 내면의 목소리를 듣지 못한다는 것입니다. 이는 단순히 자기 의심 때문만이 아닙니다. 종종 우리는 주변 사람의 목소리에 너무 귀를 기울이느라, 또는 눈앞에 놓인 선택지가 너무 많아 자신이 무엇을 원하는지조차 모르게 됩니다.

저는 현대 사회가 지나치게 조직화되었다고 생각합니다. 사회는 우리가 평생 학교에 다니도록 만들고, 18세나 19세쯤 되면 '이제 네 인생에서 무엇을 하고 싶은지 알아야 해'라고 요구합니다. 하지만 정말로 그것이 가능한 일일까요?

솔직히 말해, 저도 제가 무엇을 하고 싶은지 잘 모릅니다. 정말로 교수가 되고 싶었는지조차 확신할 수 없습니다. 저는 여전히 스스로에게 이렇게 묻습니다.

"나는 진정으로 나만의 길을 걷고 있는가?"

만약 30년 전으로 돌아간다면, 저는 지금과 같은 길을 선택했을지 확신할 수 없습니다. 왜냐하면 그때 제가 들은 목소리가 저 자신의 목소리였는지조차 알 수 없기 때문입니다.

이처럼 자기 내면의 목소리를 듣는 것은 매우 어려운 일입니다. 주변의 목소리가 더 크고 강할수록, 우리는 더 쉽게 흔들립니다. 그리고 때때로 자신이 진정으로 원하는 것이 무엇인지조차 모를 때도 많습니다. 내면의 목소리를 듣기 위해서는 자신과 대화해야 합니다. 그것은 주변의 목소리를 잠시 내려놓고, 내가 정말로 원하는 것이 무엇인지 차분히 질문하는 과정입니다.

그리고 종종 우리는 그 영감의 근원을 깊이 생각하기보다, 갑자기 떠오른 영감에 따라 행동할 때가 있습니다. 처음 느낀 그 영감의 원천을 계속해서 되살리려고 노력하는 것, 바로 그것이 중요합니다. 그 영감을 반복해서 붙잡으려는 시도가 우리의 여정을 이끌어줄 것입니다.

실패도 미완성도
인생을 완성하는 퍼즐이다

인생은 목표를 향해 끊임없이 나아가는 여정입니다. 때때로 도전 속에서 끈기를 발휘하고 작은 승리를 쌓아가는 것이 중요하지만, 동시에 자신이 무엇을 이루고 싶은지, 그리고 그것을 어떻게 달성할지 생각하는 것도 필수적입니다. 이 과정에서 우리는 크고 작은 목표 사이에서 균형을 찾으며, 자신만의 길을 만들어갑니다.

목표를 향해 나아가는 동안, 우리는 수많은 실패를 경험합니다. 이 실패에 대해 이야기할 때, 저는 종종 학생들에게 이렇게 말합니다. "거의 모든 실패는 결국 신뢰로 귀결됩니다." 여기서 신뢰란, 실패 이후에도 '결국 모든 것이 잘 풀릴 거야'라는 믿음을 잃지 않는 태도를 말합니다. 이는 앞서 언급한 자기 의심과 상반되는 중요한 자세입니다.

우리는 모두 크고 작은 실패를 겪습니다. 학생이라면 원하는 시험 점수를 받지 못하거나, 장학금을 놓칠 수도 있습니다. 꿈꿔온 의학 분야처럼 특정 분야에서 뜻밖의 실패를 경험할 수도 있지요. 혹은 원하던 승진을 놓칠 수도 있습니다. 이런 순간에는 무엇보다도 끈기가 필요합니다. 설령 지금 당장은 아무것도 이루지 못했다 하더라도, 결국 모든 것이 잘될 것이라는 믿음이 우리를 앞으로 나아가게 해줍니다. 실패는 우리의 삶을 바꾸기도 하지만, 인생은 길고 앞날에는 끝없는 기회가 있다는 사실을 기억하는 것이 중요합니다.

실패는 때때로 축복으로 다가오기도 합니다. 저 역시 적지 않은 실패를 겪었지만, 그 실패들 덕분에 더 많은 것을 배우고 성장할 수 있었습니다. 어떤 목표를 이루지 못한 덕분에 다른 길로 접어들 기회가 생겼고, 그 길은 예상치 못한 흥미로운 결과들로 이어졌습니다. 그래서 제가 겪은 거의 모든 실패에 고맙다고 말할 수 있습니다.

물론 목표를 향해 달려가다 보면 지칠 때도 있습니다. 때때로 더 이상 나아갈 수 없는 지점에 이르러 포기해야 할 때도 있지요. 하지만 포기를 부정적으로만 보아서는 안 됩니다. 때때로 포기가 큰 짐을 내려놓는 순간이 될 수 있으며, 새로운 시작을 알리는 긍정적인 전환점이 될 수도 있습니다. 실패는 삶의 일부입니다. 누구나 실패를 경험할 수 있지만, 중요한 것은 그것을 대하는 태도입니다.

가끔 사람들은 제게 묻습니다. "미완성으로 남긴 일을 후회한 적이 있나요?" 제 대답은 항상 같습니다.

"저는 후회하지 않습니다."

수많은 프로젝트를 미완성으로 남겼지만, 그 이유는 항상 명확했습니다. 다른 중요한 일을 해야 했거나, 더 하고 싶은 일이 생겼기 때문입니다. 그리고 그 미완성의 경험들조차 지금의 저를 만들어준 소중한 과정입니다.

삶에서 마주하는 모든 문은 긍정적이든 부정적이든 우

리를 새로운 방향으로 이끕니다. 저는 미완성으로 남은 것들마저도 결국 더 나은 결과를 만들어내는 계기가 되었다고 믿습니다. 지금의 저는 제가 걸어온 모든 길과 선택 덕분에 형성되었습니다. 완성과 미완성을 구분하는 것은 중요하지 않습니다. 중요한 것은 우리가 걸어온 모든 길이 우리 삶에 의미를 부여한다는 사실입니다. 실패와 미완성도 결국 더 나은 삶을 위한 과정일 뿐입니다.

나의 목표와 타인의 목표를 혼동하지 않도록

흔히 목표를 세우면 이를 주변에 알리라고 권장합니다. "나는 이 일을 할 거야" 혹은 "이 시험에 합격할 거야"라는 선언은 스스로를 더 자극하고 책임감을 높이는 방법으로 여겨집니다. 그러나 목표를 공유했을 때 이루지 못하면 부끄러움과 실패감이 더 크게 느껴질 수 있습니다. 이런 감정이 자신감과 도전을 막는 장애물이 되기도 합니다.

목표를 다른 사람에게 말해야 할지, 아니면 마음속에 간직해야 할지, 이 고민은 결국 목표를 어떻게 대하는지에 대한 문제입니다.

미국이나 한국에서는 목표를 세우면 이를 다른 사람에게 적극적으로 알리라고 조언하는 사람이 많습니다. "나는 이 학교에 갈 거야"라든지 "이 직업을 목표로 하고 있어"라는 식으로 자신을 드러내라고 말하지요. 그들은 목표를 다른 사람에게 말해야 그것에 더 가까워질 수 있다고 생각하기 때문입니다. 그러나 문제는 그 목표를 포기하게 될 때 발생합니다. 이미 많은 사람에게 목표를 공유한 상태라면, 포기는 더 큰 안타까움과 창피함으로 다가올 수 있기 때문입니다.

그런 상황이라면 누구나 창피함을 느낄 수 있습니다. 심지어 스스로를 실패자라고 느낄지도 모릅니다. 다른 사람에게 무언가를 하겠다고 말했지만, 여러 이유로 그만둔 경험이 있다면 말입니다. 누군가 혹은 어떤 외부 요인이 방해가 되었을 수도 있고, 목표를 달성하기에 자신의 능력이 부족하다는 것을 깨달았을 수도 있습니다.

여기서 중요한 질문이 떠오릅니다. '실패란 무엇인가?'

실패란 다른 사람의 기대와 시선을 나 자신에게 투영했

을 때 느끼는 감정입니다. 만약 우리가 목표를 세우고 마음속으로만 그것을 간직하며 아무에게도 알리지 않는다면, 그 목표를 이루지 못하더라도 아무도 우리를 실패자라고 부르지 않습니다. 우리는 모두 마음속에 많은 것을 품고 살아갑니다. 저 또한 누구에게도 말하지 않은 수많은 목표와 의도가 있어요. 그리고 그 목표를 이루지 못하면 종종 그것이 있었던 사실조차 잊어버립니다. 그러니 저는 실패한 적이 없습니다. 단지 마음이 바뀌었거나, 애초에 그 목표를 잊었을 뿐입니다.

가끔 제 아내 로리는 제가 너무 많은 일을 시작하고 금세 멈추기 때문에 "미쳤다"고 말합니다. 하지만 저는 그것을 실패로 보지 않습니다. 다만, 만약 제가 목표를 공개적으로 선언했다면 상황은 달라졌을 것입니다. 그 목표를 이루지 못했을 때, 저는 모든 사람에게 제가 왜 처음 마음먹은 대로 하지 못했는지 설명해야겠지요. 바로 이렇게요.

"이봐요, 서너 번 그렇게 말했지만, 그냥 마음이 바뀌었어요."

그 과정에서 실패의 느낌과 당혹스러움을 감당해야만 했을 겁니다.

목표를 세운 후에는 스스로를 설득하는 것과 세상에 알리는 것 사이에서 균형을 찾는 것이 중요합니다. 목표를 전적으로 마음속에만 간직하면 다른 여러 생각 속에서 잃어버릴 위험이 있습니다. 반대로 목표를 너무 공개적으로 선언하면, 목표를 이루지 못했을 때 스스로를 실패자로 느낄 가능성이 높아집니다.

생각해보세요. 우리는 모두 자신이 추구할 수 있는 시간과 에너지보다 훨씬 더 많은 목표를 세웁니다. 예를 들어, 가족에게 "정말 열심히 해서 승진할 거야"라고 말하거나, 친구에게 "이 학원에 다닐 거야. 서울대에 꼭 합격할 거야"라고 말합니다. 그러나 현실적으로 이 모든 목표를 달성하기란 매우 어렵습니다.

그리고 목표를 달성하지 못했을 때, 실망감을 마주해야합니다. 이 실망감은 대부분 스스로 삭여야 하고, 조심하지 않으면 자신을 갉아먹기 시작합니다. 결국 자존감과 용기가 약해져 새로운 목표를 세우는 일조차 두렵게 할 수 있습니다. 더 나아가, 자신과 삶을 개선하기 위한 꿈조차 꾸지 못하게 될 수도 있습니다. 이런 상태는 어느 누구에게도 긍정적이지 않습니다.

그래서 저는 자신의 목표를 많은 사람에게 알리는 것이 반드시 좋지는 않다고 생각합니다. 오히려 도움이 되지 않을 수 있습니다. 단지 다른 사람의 눈에 실패자로 보이지 않기 위해서 자기 내면의 소리가 아니라 다른 사람의 소리에만 귀를 기울일 수 있기 때문이지요.

인생의 길은 언제나 여러 갈래다

저는 제 인생에서 시작한 일을 마무리하는 것에 대해 조언하거나 인내의 중요성에 대해 이야기해준 사람을 만난 적이 없습니다. 선생님이나 코치, 가족 중 누구도 저에게 그런 말을 해준 기억도 없지요. 그래서 저는 내면의 소리에 더 집중할 수 있었습니다. 그러다 나이가 들면서 이런 생각을 받아들이기 시작했습니다.

'잘 사는 삶이란, 삶의 방향을 바꾸고 다른 방향으로 나아갈 준비가 항상 되어 있는 삶이다.'

이상하게도 마무리와 인내라는 개념은 저에게 자연스러

운 것이 아닙니다. 제가 어떤 프로젝트를 마무리할 때는, 단지 그 프로젝트에 지속적으로 관심이 있었기 때문이지, '시작한 일을 끝내야 한다'는 내면의 목소리가 들렸기 때문이 아닙니다. 가끔은 내 안의 '마무리 근육'을 강화해야겠다고 생각하지만 점성술이나 MBTI 검사 같은 것을 보면, 저는 유동적인 삶을 살도록 설계된 사람이라는 생각이 듭니다. 저는 고정된 목표를 끝까지 추구하기보다는, 삶의 방향을 바꾸고 새로운 기회를 받아들이는 데 더 적합한 사람 같습니다.

젊은 사람들이 마무리에 너무 집중하는 이유는 무엇일까요? 저는 그것이 어렸을 때 자신에게 무엇이 진정으로 좋은지 잘 모르기 때문이라고 생각합니다. 미래에 대한 여러 욕망과 생각은 우리 내부에서 나오는 것이 아니라, 주변 어른들에게서 영향받은 경우가 많습니다. 그래서 학교생활에 지쳐 쉬면서 새로운 것을 탐구하라는 내면의 목소리를 들을 때도, 우리는 이미 무언가를 추구하기로 결심했기 때문에 계속 나아가야만 한다고 느낍니다. 그렇지 않으면 주변 사람들과 심지어 자신을 실망시킨다고 믿기 때문입니다.

하지만 이런 상황에서 마무리와 인내에 대한 생각은 때때로 우리에게 불리하게 작용할 수도 있습니다. 인내와 마무리에 집착하는 것이 오히려 우리를 구속하고 지치게 할 수도 있다는 뜻입니다. 그럼에도 저는 인내와 마무리의 중요성에 대해 생각해볼 가치는 충분하다고 믿습니다. 중요한 것은 인내와 마무리 사이의 스위트 스팟을 찾는 것입니다. 이 균형은 우리가 지나치게 집착하지 않으면서도 자신에게 의미 있는 일을 완수할 수 있도록 도와줍니다. 스위트 스팟은 단순히 '끝까지 밀어붙이는 것'이 아니라, 삶의 흐름과 유연성을 이해하고 그 안에서 자신만의 길을 찾는 데 있습니다.

저는 학생들과 늘 같은 주제로 씨름을 합니다. 그들은 특정한 교육 목표에 집착하며 그 목표를 오직 하나의 길, 그리고 하나의 점수에 연결합니다. 예를 들어, 이렇게 말하지요. "이 수업에서 반드시 A를 받아야만 제가 하고 싶은 프로그램에 들어갈 수 있어요." 그러면 저는 항상 이렇게 대답합니다. "어쩌면 그 프로그램이 당신에게 가장 적합한 곳이 아닐 수도 있어요. 그리고 A를 받지 못한다는 사실이, 당신의 미래가 당신에게 보내는 메시지일 수도 있어요. 지금 가고 있는 길이 당신에게 맞지 않는다는 것을 알려주는 신호 말이지요. 다른 무언가를 해보세요."

하지만 지금까지 한 번도, 그 순간에 제 말을 듣고 "정말 맞는 말씀이네요. 이 불안감의 근원을 다시 생각해봐야겠어요"라고 말한 학생은 없었습니다.

노력이 헛되지 않다고 느끼도록

삶의 방향을 바꾸고 새로운 기회를 받아들이는 유연함이 중요한 만큼, 우리가 목표를 향해 나아가며 평가받는 방식에도 주목해야 합니다. 우리의 노력과 성취는 객관적인 기준과 주관적인 해석이 교차하는 지점에서 가치를 지니며, 이는 문화적 배경이나 개인적인 태도에 따라 크게 달라질 수 있습니다. 그렇다면 우리의 노력이 과연 얼마나 의미 있고 정당하게 평가받는지 깊이 생각해봐야 합니다.

어느 날, 전 세계 사람이 자신의 능력을 과대평가하는 경향이 있다는 사실을 알게 되었습니다. 우리는 흔히 주변 사람과 자신을 비교하며 이렇게 생각합니다.

'나는 주변 사람보다 더 행복하다. 나는 더 똑똑하다. 나는 더 열심히 일한다. 나는 환경을 더 소중히 여긴다.'

실제로 연구에 따르면, 특정 그룹의 95%가 자신을 도덕적이거나 윤리적인 행동을 하는 '평균 이상의 사람'이라고 믿습니다. 때때로 이 수치가 99%에 이르기도 합니다. 예를 들어, 환경 보호 문제에서도 95% 이상이 "나는 내가 아는 대부분의 사람보다 환경을 더 소중히 여긴다"고 주장합니다. 그러나 현실적으로 평균 이상이 될 수 있는 사람은 단 49%에 불과합니다. 그럼에도 이렇게 많은 사람이 자신을 과대평가하는 이유는 무엇일까요? 이는 세계 어디에서나 공통적으로 나타나는 현상입니다.

한국에서는 이와 조금 다른 패턴을 발견할 수 있습니다. 한국 사람은 자신을 드러내기보다는 '모난 돌'이 되지 않으려 스스로를 낮추는 데 익숙합니다. "내가 특별하다"고 말하기보다는, 주변 사람과 비교하며 자신의 위치를 평가하는 경향이 있습니다. 반면 미국에서는 모든 것이 특별해야 한다는 문화가 뿌리 깊게 자리 잡고 있습니다. 이러한 차이를 이해한 후 저는 스스로를 더 객관적으로 바라보는 연습을 시작했습니다.

무언가를 이루지 못했을 때, 저는 거울을 보며 이렇게 스스로에게 묻습니다.

"나는 정말 이 일을 하기 가장 적합한 사람일까? 내가 해야 할 일을 다 했을까? 최선을 다했을까? 내가 경쟁하는 누군가는 나보다 훨씬 재능이 뛰어난 사람일지도 몰라."

이 질문들은 제 노력을 다시 돌아보는 데 큰 도움이 되었습니다. 덕분에 단지 제가 특별하거나 열심히 일했다는 이유만으로 보상받을 자격이 있다고 믿는 것을 멈출 수 있었습니다. 대부분의 사람은 열심히 일합니다. 하지만 세상에 있는 최고의 일자리와 보상이 모두에게 주어지는 것은 아니지요.

결국 저는 평균 이상의 노력을 기울이는 데 집중하기로 했습니다. 그것이 바로 저를 앞으로 나아가게 만드는 원동력입니다. 인간의 마음과 그 차원에 대한 연구를 이해하면서, 저 자신의 능력을 바라보는 방식이 완전히 달라졌습니다. 이 깨달음은 제가 스스로를 평가하는 방식을 영원히 바꿔놓았습니다.

인생은 해낸 일과
해내려고 했던 일의 총합이다

제 인생은 제가 해낸 일과 해내려고 했던 일의 총합입니다. 돌아보면, 제가 끝까지 해낸 일들은 대부분 그 일을 즐겼기 때문에 가치 있다고 느낀 일들이었습니다. 반대로, 흥미를 잃거나 지쳐서 완수할 에너지를 찾지 못한 일들도 적지 않았습니다.

제 인생에서 제가 맡은 모든 일이 즐겁지만은 않았습니다. 예를 들어, 교수로서 해야 하는 일 중에는 불편하거나 부담스러운 부분이 많습니다. 행정 업무처럼 지루한 일이 그 예입니다. 또 하나는 학생의 부정행위를 막기 위한 노력입니다. 솔직히 부정행위라는 주제 자체를 떠올리고 싶지 않아요. 하지만 현실적으로 일부 학생이 비윤리적인 방식으로 행동하기 때문에 이를 방지해야 한다는 압박감을 느낍니다. 이런 일들은 저에게 큰 즐거움을 주지는 않지만, 해야 하기 때문에 하는 일입니다.

그럼에도 저는 제게 활력을 주는 일을 계속 추구하고, 반대로 저를 짓누르거나 부담을 주는 일은 천천히 놓아버리는 능력이 있습니다. 이 과정이 바로 제 인생에서 중요한 전환점이 되었고, 이는 마무리와 인내심이라는 두 가지 요소와 깊은 연관이 있습니다. 저는 항상 완벽한 균형을 찾지는 못했습니다. 그러나 불균형보다는 균형에 가까운 상태에서 더 많은 시간을 보내는 삶을 개척해왔습니다. 그런 의미로 저는 마무리와 인내심의 측면에서 제 스위트 스팟을 찾았다고 느낍니다. 이 스위트 스팟은 완벽한 상태를 의미하지 않습니다. 오히려 삶의 흐름 속에서 자신이 진정으로 중요하게 생각하는 일을 알아가고, 그 일에 집중하는 과정에서 자연스럽게 알게 될 것입니다.

삶은 완벽을 추구하는 것이 아니라, 자신의 리듬을 발견하고 그 안에서 성장해나가는 여정입니다. 진정 중요한 것을 선택하고 끝까지 해내는 힘은 당신 안에 이미 존재합니다. 때때로 그저 잠시 멈춰서, 스스로에게 이렇게 말해보세요.
"나는 오늘 이걸 할 거야. 그리고 나만의 스위트 스팟을 향해 한 걸음 더 나아갈 거야."

Chapter 10

질의 응답
Q&A

다 하지
못한 이야기

Q. **이 책을 쓰면서 어떤 마음이 들었나요?**

A. 이 책을 쓰는 동안 제 인생을 깊이 성찰하는 시간을 보냈습니다. 책을 쓰는 과정은 단순히 지식을 나누는 일이 아닙니다. 그것은 저 자신을 돌아보고, 삶에서 배운 것을 재발견하며, 그것을 하나의 이야기로 엮어가는 여정입니다. 그리고 이 여정은 제 스위트 스팟에 대해 다시 한 번 생각하게 해주었습니다.

저는 항상 노년에 이르면 교직 생활과 여행을 통해 배운 것을 전 세계에 알리고 싶다는 꿈을 품고 있었습니다. 이 꿈의 뿌리는 제가 20대에 읽은 조지프 캠벨의 책과 그의 강연 영상에서 시작되었습니다. 캠벨의 이야기를 처음 접했을 때, 저는 깊은 감명을 받았습니다. '나도 저렇게 살고 싶다'는 열망이 제 안에 자리 잡았지요.

그는 단순히 지식을 전달하는 사람이 아니었습니다. 그는 삶의 지혜를 나누는 사람이었습니다. 그의 말은 심오하고 진실했으며, 그가 풀어낸 이야기들은 제 인생의 방향성을 잡는 데 커다란 영향을 미쳤습니다. 저는 그 순간부터 그와 같은 삶을 꿈꾸기 시작했습니다. 삶을 통해 배운 것을 되돌아보고, 그것을 다른 사람들과 나누는 일이 저의 가장 큰 목표가 되었습니다.

이 책을 쓰면서, 지난 40년 동안 쌓아온 모든 지혜를 한데 모으고 이를 독자 여러분과 나눌 수 있는 기회를 얻었습니다. 저에게 이 책은 단순한 저서가 아닙니다. 그것은 제 삶의 성찰이자, 제 꿈의 결실입니다.

교수로서 제가 가진 가장 큰 기쁨은 배운 것을 다른 사람에게 전할 수 있다는 것입니다. 그것이야말로 우리 모두가 바라는 최고의 선물이 아닐까요? 이것은 부모가 자녀를 위해 하는 일과 비슷합니다. 부모는 이미 어린 시절을 경험했기에, 자녀를 위한 가이드 역할을 할 수 있습니다. 저도 같은 마음으로 이 책을 여러분께 드립니다. 여러분이 이 책을 통해 자신의 여정을 더욱 풍요롭게 만들 수 있다면, 그것이 제게는 가장 큰 보람일 것입니다.

조지프 캠벨의 작품을 처음 접했을 때를 아직도 생생히 기억합니다. 제가 처음 본 것은 공영 텔레비전 네트워크에서 방영한 6부작 비디오 시리즈였습니다. 이 시리즈에서 캠벨은 인생, 신비, 신, 그리고 문화에 대한 심오한 질문들에 답했습니다. 그의 대답은 단순한 지식을 넘어, 삶의 본질을 꿰뚫는 지혜였습니다.

그 영상을 본 후, 제 인생의 방향을 완전히 바꾸게 되었습니다. 저는 그가 보여준 것처럼, 삶의 깊이에 대해 솔직하게 이야기하는 사람이 되고 싶었습니다. 그는 제가 한 번도 들어보지 못한 방식으로 이야기를 풀어냈고, 그것은 마치 제 내면에 숨겨져 있던 문을 열어주는 것 같았습니다.

그 이후로 저는 캠벨이 열어준 방향성을 따라 40년 동안 살아왔습니다. 제가 목표로 삼은 것은 단순했습니다. 가능한 한 많은 지혜를 얻고, 그것을 통해 다른 이들과 연결되는 것입니다. 어떻게 그 목표를 이룰지는 걱정하지 않았습니다. 중요한 것은 제가 그 방향에 머물러 있는지 확인하는 것이었지요.

오늘 이 책을 통해 저는 제 꿈을 이루고 있습니다. 여러분과 제 이야기를 나누는 이 순간, 저는 진정한 행복을 느낍니다. 이것은 단지 저의 여정이 아니라, 여러분도 함께할 수 있는 여정입니다. 여러분도 자신의 삶에서 지혜를 발견하고, 그것을 나누는 삶을 꿈꾸면 좋겠습니다.

Q. **이 책에서 강조하고 싶은 메시지가 있나요?**

A. 이 책은 단순히 희망에 관한 책이 아닙니다. 구체적인 메시지를 담은 책입니다. 제가 강의에서 학생들에게 던지는 메시지는 항상 간결하지만 그들에게 울림을 준다고 생각합니다. 어떤 학생들은 가끔 제 목소리가 머릿속에서 떠나지 않는다고 이야기합니다. 물론 제가 하는 모든 말이 그렇지는 않겠지만, 작은 메시지들이 머릿속에 오래 남아 있는 경우가 많습니다.

그중 하나가 바로 이 문장입니다.

"당신은 지금보다 더 나은 사람이 될 수 있습니다."

저는 항상 시간을 인식하라고 말합니다.

"인생은 단 한 번뿐이고, 금방 지나갑니다. 당신만의 스위트 스팟을 찾으세요. 당신은 할 수 있습니다. 인생은 짧으니 좀 더 신중해지세요."

이 책은 더 나은 자신이 되기 위한 목소리이자, 여러분을 응원하고 앞으로 한 발 더 나아갈 수 있도록 돕는 책입니다. 하지만 특정한 결과를 얻기 위한 지침서라고 기대하지는 말아야 합니다. 이 책은 결과를 제시하는 것이 아니라, 여러분이 스스로 답을 찾아가도록 돕는 책입니다.

Q. 총 9개의 주제가 모두 스위트 스팟을 찾는 데 중요한가요?

A. 인생의 스위트 스팟에 도달한다는 것은 단순히 어떤 목표를 성취하거나 상태를 유지하는 것을 넘어섭니다. 그것은 내면적 균형 상태를 찾는 과정입니다. 이 균형 상태는 삶의 여러 방향으로 너무 치우치지 않도록 해줍니다. 균형이란 무엇일까요? 그리고 자신이 진정으로 스위트 스팟에 살고 있는지 어떻게 알 수 있을까요?

여기에서 중요한 점은, 삶을 다양한 렌즈로 바라보는 것입니다. 마치 서로 다른 색깔의 안경을 끼고 세상을 바라보는 것과 같습니다. 이 책의 각 장에서 다룬 주제는 여러분이 끼워볼 수 있는 이런 '안경'과도 같습니다. 예를 들어, '호기심'이라는 안경을 써보세요. 그리고 이 렌즈를 통해 제가 여러분께 던진 질문과 제안을 되짚어보세요. 그러면 자신의 위치를 호기심 측면에서 바라보게 됩니다. 나는 인생에 궁금한 것이 있는가, 나는 호기심이 이끄는 삶을 살고 있는가? 이런 식으로 말이지요. 그렇게 하면 조금 더 명확하게 자신이 해야 할 것이 보입니다.

이 책에서 다룬 9가지 주제는 제가 생각하는 중요한 키워드만 모았습니다. 여러분이 각자의 키워드를 만들어보는 것도 좋습니다. 스스로 질문하고 답을 하는 과정에서 자신만의 스위트 스팟을 찾을 수 있을 것입니다.

Q. 스위트 스팟의 개념을 알면 인생이 더 쉬워질까요?

A. 스위트 스팟은 단순히 삶을 더 '쉬워' 보이게 만드는 개념이 아닙니다. 그것은 삶을 더 풍요롭고 의미 있게 만드는 지침입니다. 스위트 스팟을 찾는 여정을 통해 자신의 고유성을 이해하고, 다른 이들과의 관계에서 자신만의 리듬을 발견하게 됩니다. 이러한 스위트 스팟에서 삶을 살아간다는 것은 스트레스를 덜 받고 균형 잡힌 상태를 유지하며 살아간다는 뜻입니다. 이는 단지 일상적인 평화를 넘어, 평온함이 영혼 깊은 곳에 자리하도록 해줍니다.

그런 면에서 스위트 스팟에서 사는 삶은 겉보기에는 쉬워 보이지만, 사실 그 여정은 많은 성찰과 노력이 필요합니다. 왜냐하면 스위트 스팟은 단순히 외부에서 주어지는 것이 아니라 각자의 고유한 내면적 경험과 욕망, 잠재력을 발견해가는 과정에서 형성되기 때문입니다.

우리는 종종 다른 사람을 보며 "나도 저렇게 살 수 있을까?" 혹은 "저 사람이 하는 일을 내가 할 수 있을까?"라고 자문합니다. 하지만 진실은, 누구도 자신에게 진정으로 무엇이 가능한지 완전히 알지 못한다는 점입니다. 각자의 삶은 고유하며, 사람마다 내면의 잠재력과 욕망, 그리고 사회적 경험이 다릅니다. 결국 우리는 모두 오직 나 자신만이 살 수 있는 독특한 삶을 살아가는 셈입니다.

물론 우리는 사회에서 살아가기 때문에 주변 사람들과 비슷한 부분도 많습니다. 어떤 면에서는 모두가 서로의 삶을 반영하며, 문화라는 틀 안에서 '사회적 복제인간social clones'처럼 살아가기도 합니다. 그러나 그 안에서도 각자의 고유한 스위트 스팟은 존재합니다. 그것은 타인과 공유되는 부분에서 나만의 고유한 균형을 찾는 여정을 통해 발견됩니다.

스위트 스팟에서 사는 삶이란 자신의 생활 방식에 익숙해지고, 그 안에서 편안함을 느끼는 삶입니다. 하지만 이것이 타인의 삶과 완전히 단절된 삶을 의미하는 것은 아닙니다. 우리는 여전히 타인의 그물망 속에서 독립적이면서도 균형 잡힌 삶을 살아갑니다.

다른 사람들과 연결되어 있으면서도 나만의 길을 걷는 것, 그것이 바로 스위트 스팟의 본질입니다. 삶의 균형은 외부에서 주어지는 것이 아니라, 내면의 힘과 성찰을 통해 발견되는 것입니다. 그 균형은 단순히 삶을 살아내는 것을 넘어, 영혼을 자유롭게 하는 열쇠가 됩니다.

Q. 인생이 벽으로 느껴지는 사람도 있습니다. 고통스러운 순간을 지나는 사람도 스위트 스팟을 찾을 수 있을까요?

A. 제 대답은 '그렇다'입니다. 그러나 먼저 고통의 근원을 이해해야 합니다. 정서적 고통의 일부는 사람들이 자신의 스위트 스팟을 이해하지 못하고 그곳에서 멀리 떨어져 균형을 잃으며 살아가는 데서 비롯됩니다. 그리고 그 이유는 복잡합니다. 어떤 문제는 우리가 통제할 수 없고, 어떤 문제는 우리에게 변화할 기회를 제공합니다. 때때로 삶은

우리에게 극복하기 어려운 과제를 던지며, 우리는 이유를 알 수 없는 고통을 감내해야 하지요.

하지만 중요한 것은 그 고통을 최대한 받아들이고, 그 고통을 통해 성장하려는 의지를 갖는 것입니다. 아니면 우리가 경험하는 것을 더 이상 '고통'이라고 보지 않고, 예상치 못한 일이 발생했기에 불편하고, 그것을 어떻게 해결해야 할지 모르는 상태로 보는 방법을 찾는 것입니다.

어느 쪽이든 우리가 선택할 수 없는 현실에서 최선을 다해 성장하려는 의지가 있다면, 점차 그 과정에서 진정한 균형점, 곧 '스위트 스팟'이 드러나기 시작합니다. 구체적으로 어떻게 이 개념을 적용할 수 있을까요? 여러분이나 여러분의 주변 사람이 우울증으로 어려움을 겪는다고 가정해봅시다. 이는 단순히 하루이틀의 문제가 아닙니다. 매일 큰 불안감, 슬픔, 심지어 육체적 피로까지 겪는 상황이지요. 이러한 고통 속에서 스위트 스팟을 찾기 위한 몇 가지 방법을 제안합니다.

이 책에서 다루는 여러 주제, 예를 들어 호기심, 자신감, 편견, 리더십 등에 대해 스스로 질문해보세요. "나는 이 주제에 대해 어떻게 생각하는가?"라고 묻는 것이 출발점입니다. 이런 성찰은 나 자신을 더 깊이 이해하도록 돕고, 작은 변화의 씨앗을 심습니다. 이는 단지 질문하는 행위 그 자체로도 균형을 향한 움직임을 만들어냅니다.

스위트 스팟을 향한 여정은 대단한 변화가 필요하지 않습니다. 인생의 특정 부분을 재배치하고, 작은 변화로 첫 발을 내딛어보세요. 이는 일상의 루틴을 바꾸는 것일 수도, 새로운 사람과 대화하는 것일 수도 있습니다. 중요한 것은 완벽한 해결책을 찾으려 하기보다, 어느 한 부분이라도 바꿔보는 시도입니다.

우리는 모두 자신만의 방식으로 문제를 다룰 수 있습니다. 자조 모임에 참여하거나 심리치료를 받아보는 것도 방법입니다. 약물치료가 필요하다면 전문가와 상담해보는 것도 좋은 출발점이 될 수 있습니다. 또한 내면의 대화를 통해 자신의 감정을 분석하고 이를 행동으로 옮기는 작은 실천들이 균형에 가까워지는 데 큰 역할을 합니다.

이 모든 과정에서 중요한 것은 자신을 있는 그대로 받아들이는 자세입니다. 때때로 삶이 우리를 시험하고, 때때로 우리가 왜 이런 고통을 겪어야 하는지 알 수 없는 순간도 있습니다. 그러나 고통에서도 우리는 배울 수 있습니다.

Q. **살면서 계획대로 되지 않을 때 조바심을 느낍니다. 이럴 때 어떻게 하셨나요?**

A.   스위트 스팟을 찾는 과정에서 우리는 종종 조바심이나 불안감을 느낍니다. 저 역시 그런 감정을 느낀 적이 많습니다. 때때로 '내가 지금 올바른 길을 가고 있을까?' 혹은 '언제쯤 내가 원하는 상태에 도달할 수 있을까?'라는 생각이 들었습니다. 또 정말 올바른 길을 가고 있다면 더 쉽게 길이 열리고 미래로, 그리고 그 길로 더 나아갈 수 있을 거라고 생각할 때도 있습니다.

   하지만 나이가 들면서 과거의 조급함이 얼마나 불필요했는지 돌아보게 되었습니다. 인간은 누구나 조급함을 느끼며, 지금 당장 행복해지고 싶은 욕망을 품고 살아갑니다. 하지만 시간이 지나면서 알게 된 것은, 우리의 삶이 마치 계획된 것처럼 짜인 퍼즐로 느껴진다는 점입니다.

   그 퍼즐 조각들이 하나씩 맞춰지면서 균형과 내면의 평화, 그리고 더 많은 기쁨과 웃음을 경험하게 됩니다. 때때로 조급한 순간이 찾아오기도 했습니다. 그러나 그런 순간조차 저를 성장시키는 여정의 일부였습니다. 조급함은 단순히 우리를 괴롭히는 감정이 아닙니다. 그것은 우리가 더 나은 방향으로 나아갈 방법을 배우는 기회가 됩니다. 저는 그 과정을 통해 스위트 스팟의 감각에 더 빨리 도달하는 법을 배웠습니다.

스위트 스팟을 찾았더라도 삶은 필연적으로 우리를 몇 번이고 균형을 잃고 위험에 빠지도록 몰고 갑니다. 진정한 목표는 영원히 그곳에 머무르는 것이 아니라, 우리가 언제 균형을 잃었는지 알아차리고 어떤 방향으로도 너무 멀리 끌려가지 않도록 하는 것입니다. 스위트 스팟에 도착한 후 그 자리에 계속 머무르는 것은 불가능합니다. 대신 우리는 그 주위를 공전합니다. 저 역시 매일 사소한 일들로 마음 이 흐트러져 힘들었습니다. 하지만 지금은 빠르게 제 중심 으로 돌아올 수 있다는 점이 달라졌습니다. 균형이란 투쟁 을 없애는 것이 아니라 돌아올 방법을 알고 그 필요성을 빨리 알아차리는 것입니다.

너무 두려워 마세요. 당신은 다시 일어날 힘을 이미 가 지고 있습니다.

Q.   세상이 돈을 중심으로 돌아가다 보니, 돈이 중요하지 않다는 걸
      알면서도 중요하게 여길 수밖에 없는 현실입니다. 특히 한국에

서는 이런 경향이 유독 강하게 나타나며, 앞으로 더 심화될 가능성도 커 보입니다. 그렇다면 이런 환경에서 어떻게 나만의 '스위트 스팟'을 발견하고, 그것을 추구하며 살아갈 수 있을까요?

A. 조지프 캠벨이 돈에 대해 한 말을 전하고 싶습니다. 제가 그 말을 처음 들었을 때부터 이 문제를 극복하는 데 큰 도움이 되었습니다.

"만약 당신이 기쁨과 웃음으로 가득 찬 좋은 삶을 살고 싶다면, 모든 인간이 겪는 가장 신비로운 질문들에 대한 답을 찾는 것에 집중하라. 매일매일 그 질문들에 관심을 두고, 기본적인 필요를 충족시키기 위해 충분한 에너지를 써라. 열심히 일하고, 청구서를 지불하고, 삶에서 충분한 시간을 확보하여 그 질문들에 답을 찾을 수 있도록 최선을 다하라."

그리고 만약 그런 삶을 사는 동안 운명이 당신에게 많은 돈을 주기로 결정한다면, 그 운명을 받아들이고 그 돈을 즐기라고 했습니다. 그러나 캠벨은 경고했습니다. 돈이 좋은 삶과 기쁨을 가져다줄 것이라고 믿고 돈을 좇아서는 안 된다고요. 돈은 그런 질문들의 답을 제공하지 않습니다. 돈은 삶의 수레바퀴 바깥쪽에 있으며, 때때로 올라가고 때때로 내려갑니다. 따라서 삶의 수레바퀴가 움직일 때, 당신은 항상 돈을 쓰거나 돈을 좇게 될 것입니다. 그러나 당신의 생각이 수레바퀴의 중심에 머물러 있다면, 당신의 삶은 안정적으로 유지될 것입니다. 이것이야말로 우리가 그 신비로운 질문들에 답을 찾기 위해 필요한 상태입니다. 수레바퀴의 중심이 바로 '스위트 스팟'입니다. 이 생각은 제가 운명적으로 벌게 된 만큼의 돈으로 삶을 구축하는 데 큰 도움을 주었습니다. 만약 더 많이 벌었다면 그것도 괜찮았겠지만, 한번 스위트 스팟에 머물게 된 이후로 저는 그곳을 떠나지 않았습니다. 저는 그 수레바퀴 중심에서 기쁨과 웃음이 있는 삶을 탐구하고 조각해나가며 살아가고 있습니다.

Q. 인생 길을 걷다 실패했을 때 어떻게 다시 일어서나요?

A. 스위트 스팟을 찾는 과정에서 실패는 어떤 역할을 할까요? 먼저, 실패는 상대적인 개념입니다. 우리가 실패라고 생각하는 것은 단지 새로운 곳으로 이동하거나, 다른 것을 배우거나, 새로운 도전을 준비하는 과정일 뿐입니다. 그래서 저는 실패를 너무 중요하게 여기지 않습니다.

스위트 스팟은 실패와는 조금 다른 관점에서 작동합니다. 그것은 우리에게 일어나는 모든 상황에서 배우는 것에 초점이 맞춰져 있습니다. 실패를 진정으로 받아들이는 순간, 그것은 기회가 됩니다. 실패는 성장을 가능하게 합니다.

그리고 성공은 어떨까요? 사실 성공도 실패처럼 작용할 수 있습니다. 한 가지 일에 성공했다는 것은 다른 가능성을 탐구할 기회를 잃는다는 의미일 수 있습니다. 예를 들어, 제가 이 책에서 실패한다면 상상도 못한 새로운 길이 열릴지도 모릅니다. 반대로 이 책이 성공한다면, 제가 두 번째 책을 쓰는 대신 완전히 다른 방향으로 나아가야 할 수도 있지요. 한편으로 이 책의 성공 때문에, 미래에 저를 기다리는 아주 중요한 기회를 놓칠지도 모릅니다.

이렇듯 성공과 실패는 동전의 양면과도 같습니다. 우리는 둘을 분리할 수 없습니다. 핵심은 그 상황을 어떻게 해석하고 대응하느냐에 달려 있습니다. 지금 문제에 부딪혔다면 실패냐 성공이냐를 묻기보다 문제에 먼저 집중해보세요. 그리고 그 답을 찾는 과정에서 당신은 더 성장할 것입니다.

Q. 가장 한국적인 것이 가장 세계적인 것이라는 말에 대해 어떻게
생각하시나요?

A. 전 세계 많은 국가의 사람과 이야기를 나눈 경험에 비
추어보면 한국과 한국 문화가 사람들의 관심을 끄는 세 가
지 요소가 있다고 생각합니다.

첫 번째는 타인에 대한 존중과 함께 조용하고 차분한 성
향입니다. 한국인은 이를 잘 인식하지 못하지만, 다른 나
라 사람은 분명히 느낍니다. 물론 이 점은 한국에만 국한
된 것은 아니지만, 한국인으로만 구성된 사회적 공간에서
는 특별한 분위기를 느낄 수 있습니다. 비교적 질서 있고
타인에게 피해를 끼치지 않으려고 노력하지요. 한국의 폭
력 범죄율만 봐도 잘 알 수 있습니다.

두 번째로 사람들의 이목을 끄는 점은, 한국인이 새로운
기술을 받아들이는 데 매우 적극적이라는 것입니다. 물론
다른 나라도 비슷한 경향을 보입니다. 하지만 한국은 최첨
단 기술 발전과 소통에 자국의 문화와 국가적 자원을 상당
히 투자하고 있으며, 이는 주목할 만한 일입니다. 기술적
으로 앞서 나간다는 정체성을 정의하는 것 자체가 인상적
입니다. 한국은 기술적으로 발전한 미래의 중심에 있는 국

가 중 하나입니다.

세 번째로 세계인의 관심을 끄는 요소는, 한국이 매우 예술적인 사람들로 구성된 나라이며 그 예술성이 고유한 한국적 색채를 지니고 있다는 점입니다. 텔레비전 방송물, 영화, 음악, 음식, 화장품, 의류 등 어떤 분야에서든 한국의 창작물에는 독특한 한국적인 매력이 담겨 있습니다. 한류Hallyu는 특별한 현상이며, 사람들은 이를 매우 좋아합니다. 세계 곳곳에서 경험할 수 있는 다문화적 삶만을 원하는 것이 아니라, 어떤 문화에서 자라나 그 문화를 대표하는 진정한 창작물과 경험을 원하는 사람이 많습니다. 전통과 현대가 공존하는 한국 문화는 매우 흥미롭고 매력적입니다. 따라서 가장 한국적인 것은 세계적으로도 충분히 매력적인 것이라 할 수 있습니다.

Q. 마지막으로 한국인에게 하고 싶은 말이 있나요?

A. "다른 사람과 자신을 비교하는 데 너무 많은 시간을 낭비하지 마세요."

저는 이 말을 꼭 전하고 싶습니다. 여러분은 여러분만의 독특한 여정을 걷고 있는 사람입니다. 인생 역시 독특합니다. 하지만 우리는 다른 사람을 보며 '나도 저 사람처럼 될 수 있을까?' 혹은 '저 사람처럼 되기 위해 내가 달라져야겠다'라고 생각하는 경향이 강합니다.

그렇지만 기억하세요. 다른 사람이 되기 위해 자신을 발전시키는 것이 아니라, 지금의 자신을 더 나은 사람으로 만들기 위해 노력해야 합니다. 그것이 여러분이 할 수 있는 일입니다.

한국은 집단주의가 강하게 작용하는 사회입니다. 이런 사회의 장점이 있지요. 집단이 더 잘 돌아갈 수 있도록 개인이 많이 노력하는 것도 장점 중 하나입니다. 저는 이를 '공동체 지향적 도덕 질서'라고 부릅니다. 한국 사회에서는 옳고 그름, 선과 악에 대한 많은 부분이 주변 사람들과 공유됩니다. 공공장소에서 주변 사람의 편의를 고려하며 행동하고, 사회적 관계를 방해하지 않으려는 마음이 자연스럽게 자리 잡고 있습니다. 이러한 질서 속에서 사는 것의 장점은 무궁무진합니다. 서울에 있을 때 저는 주변 사람들에게서 배려를 느끼며, 그들이 제가 불편한 상황에 놓이지 않도록 신경 써주는 모습을 봅니다. 이는 저에게 큰 선물처럼 느껴집니다. 여러분도 마찬가지일 것입니다. 그런데 이런 사회에서는 자칫 지나치게 남을 의식하는 경향이 생깁니다.

자신만의 리듬을 찾으세요. 다른 사람과 자신을 비교하는 시간을 줄이고, 지금의 자신보다 더 나아지기 위해 노력하세요. 그리고 자신이 속한 공동체에서 자신의 가치를 발견하세요. 당신은 고유한 존재입니다.

자신의 삶을
더 사랑하기를

제가 강의에서 늘 강조하는 점 중 하나는, 학생들에게 어떻게 자신의 삶이나 세상을 바라봐야 할지 직접적으로 알려주지 않는다는 것입니다. 저는 다양한 관점에서 삶을 생각할 기회를 제공할 뿐, 어느 한 관점이 최선이라고 말하지 않습니다.

그래서 이 책을 쓰는 과정은 저에게도 큰 도전이었습니다. 여기엔 제가 좋은 삶을 살아가는 방법에 대한 생각이 담겨 있고, 그것이 독자들에게도 유익할 수 있다는 전제가 깔려 있습니다. 이는 자칫 오만하게 보일 수도 있고, 꽤나

대담한 시도일 수 있습니다. "내가 누구이기에 삶의 가치에 대해 논할 자격이 있는가?"라는 질문이 끊임없이 따라붙기도 했습니다.

하지만 제가 아는 것은 단 하나입니다. 제가 실제로 경험한 것, 그리고 오랫동안 지켜봐온 사람들이 발견한 진실입니다. 그들은 제 학생이기도 했고, 세계 여러 곳에서 알게 된 소중한 친구들이기도 합니다. 저는 그들이 어떻게 역동적이고 풍요로운 삶을 만들어가는지 유심히 지켜봤습니다. 반면, 어떤 이들은 삶이 그 자체로 나쁘지는 않았지만 충분히 몰입하거나 활기를 찾지 못하는 경우도 있었습니다.

40년 동안 학생들을 가르치며 깨달은 것은, 결국 제가 배워야 할 사람은 저 자신이라는 사실이었습니다. 삶을 살아가는 데 필요한 가장 중요한 것들을 학생들과 함께 배워온 셈이지요. 그 여정에서 알게 된 한 가지는, 우리 각자의 삶에는 언제나 긴장과 갈등이 존재한다는 것입니다. 우리는 지금 가는 길이 정말로 나에게 맞는 최선의 길인지 확신할 수 없습니다. 그리고 만약 우리가 진정으로 살아 있고 세상에 몰입하고 있다면, 스스로에게 이런 질문을 던질 수밖에 없지요. "나는 괜찮은 걸까? 지금 이대로 가는 게 맞는 걸까?"

저는 지금까지 그런 의문을 갖지 않은 사람을 한 명도 만나본 적이 없습니다. 저 자신도 며칠 이상 의심 없이 살아본 기억이 없습니다. 그만큼 삶에서 긴장과 의문은 필연적입니다. 하지만 그 긴장을 받아들이는 것은 결코 쉬운 일이 아닙니다.

어떤 사람은 더 많은 삶의 고난을 겪고 있거나, 그러한 고난에 적응하기 어려운 상황에 처해 있을 수 있습니다. 또 어떤 사람은 잘못된 선택과 생각으로 자신을 더 깊은 어둠 속으로 몰고 가기도 합니다. 그럼에도 우리는 그 긴장과 갈등을 받아들이고 포용할 선택권이 있습니다. 이를 받아들이는 순간이 거듭될 때, 자신의 '스위트 스팟'에 도달했다고 말하고 싶습니다. 이것이 이 책이 전하고자 하는 핵심 메시지입니다.

이제 이 책이 당신에게도 스스로의 스위트 스팟을 발견할 수 있는 계기가 되기를 바랍니다. 삶을 둘러싼 질문들, 고난, 그리고 갈등 속에서도 그 중심을 찾아내고, 그것을 포용하는 힘을 얻기를 바랍니다. 이 책을 쓰면서 저 역시 제 삶에서 고민해온 질문들을 조금이나마 해결할 수 있었습니다. 부디 이 책이 당신의 여정에도 작은 도움이 되기를 바랍니다.

감사합니다.

스위트 스팟

ⓒ 샘 리처드

초판 1쇄 인쇄 | 2025년 2월 18일
초판 1쇄 발행 | 2025년 2월 26일

지은이 | 샘 리처드
옮긴이 | 김수민
책임편집 | 배상현
콘텐츠 그룹 | 배상현, 김아영, 김다미, 박화인, 기소미
북디자인 | STUDIO 보글

펴낸이 | 전승환
펴낸곳 | 책 읽어주는 남자
신고번호 | 제2024-000099호
이메일 | bookpleaser@thebookman.co.kr

ISBN 979-11-93937-53-2 (03190)